旅遊倫敦

Wanderlust London

文化藝術・特色市集・美食饗宴
必吃必玩必逛的212個攻略要點

李昕-Wanderlust Annie 著

CONTENTS

★ 作者序 ★

　　一直到開始寫這本書之前，我好像都活在過去，沉浸在我自認的黃金年代，也就是我在倫敦打工度假的兩年；從此之後，我每年回倫敦一次，倫敦成為了我的第二個家。

　　很多人會問我：「為什麼一直去去過的地方？」除了尋找那段最精彩的回憶，我得老實說，這兩年我還沒玩遍倫敦，也一直對這個城市給我的養分充滿許多感謝，這也促使我認真寫文章紀錄每時每刻、認真寫部落格分享我所知道的這座城市；書中的編排刻意不放入太多店家，因倫敦無時無刻都在變化，希望更著重於區域的氛圍。

　　一直以來都想寫一本這樣的書，雖然好像是一本旅遊工具書，但還是把自己最深愛的都刻劃了進去，把對於倫敦的愛分享給大家，初衷就是希望大家可以用最鬆弛的方式探索倫敦，沉浸並愛上，算是寫給倫敦的情書吧！除了知名景點之外，他也是個非常特別的城市，永遠都有事情發生、永遠都不會無聊，有許多免費的藝文活動及博物館、多到數不清的市集，還有永遠不會膩的夜生活和各式各樣的異國美食，從街邊小吃到高檔餐廳，而且特別適合走路散步！

　　在書中我依照區域與方位規劃了非常多的一日遊路線，每條路線只集中在一兩個區域，讓你可以步行的方式探索，彈性選擇自己的行程，甚至自行排列組合，不急不徐的在倫敦探險，創造你與倫敦最獨一無二的回憶！

　　在寫書的期間特別感謝我的姊妹 Victoria、Leon、Olivia 以及我的伴侶 Jake，有你們當我的後盾，讓我可以順利安心往返倫敦取材，將我想要的都放進書中分享給大家。

Chapter 1
倫敦旅遊
你需要知道的事情

倫敦入境

記得事先做好行程規劃，隨身攜帶來英國目的相關證明文件，例如來回機票、財力證明、企業或贊助單位的信函、學校信函等，過英國海關時被移民官員詢問時，只要提供正確詳實資訊，有回程機票或是下個目的地的行程他們就不會刁難你，我每次遇到的海關人員都超好！

倫敦的氣候＆行李打包

倫敦的夏季平均氣溫大約23度，最低氣溫約13度，日夜溫差較大，在準備行李的部分，由於歐洲的太陽沒有台灣的曬起來熾熱，所以有出太陽的日子其實很舒適；不過較陰涼的地方吹風還是會感覺涼涼的，所以我通常會帶一件薄外套或是罩衫，有需要可以隨時穿脫；也可以穿著附有帽子的夾克，因為一般的雨傘在倫敦派不上用場，風有時候比較大！

冬季氣溫大約在12度到3度之間，不會很冷也很少下雪，就算下雪也通常會在清晨。天空看起來陰陰的，下雨的頻率跟台北相差無幾，空氣卻相較台灣乾燥，所以我在倫敦的冬季穿得跟台灣寒流來時差不多；如果比較多走路的行程，容易穿脫且保暖的連帽防潑水外套就很實用。若有發熱衣就只需要穿著大衣跟圍巾，怕風吹的人可以戴帽子，怕冷可以再加個手套；不過室內通常都有暖氣，可以自行斟酌是否要穿發熱衣喔！

英國旅遊必備物品

❶ 萬國變壓轉接頭
（英國電壓為230V，頻率為50HZ）

❷ 保濕乳液

❸ 防曬產品

❹ 防風防雨的戶外連帽夾克

❺ 防潑水的鞋子

❻ 晶片感應式信用卡／金融卡

❼ 防盜扁平腰包

倫敦節慶活動

1 月

● January sales

1月的大促，也是12月的Boxing day
之後的換季大促銷。

● The New Year's Day Parade

新年遊行是每年1月最重要的活動。
1月有許多聖誕節延續的冬日活動，
所以不要想說夏天才是旅遊旺季喔！

2 月

● London Fashion Week

這時只要穿時尚一點，走在路上隨時
可能有攝影師將你攔下來拍照。

● 英國影藝學院電影獎
（BAFTA Film Awards）

通常會在泰晤士河南岸（Southbank
Centre）的皇家節慶音樂廳（Royal
Festival Hall）舉辦。

3 月

● St Patrick's Day

愛爾蘭的節日，許多小酒館都會有活
動，愛喝啤酒的人可以注意。

4 月

● Vaisakhi

印度的光明節，以往在特拉法加廣場
（Trafalgar Square）都會有活動。
4月春暖花開，倫敦各處會舉辦許多馬
拉松。

5 月

● RHS Chelsea Flower Show

每年最盛大的花藝展，連路邊店家都
裝飾得超美！

● Eid Festival

穆斯林的開齋節，大家會聚在特拉法
加廣場一起慶祝。

6月

● 倫敦建築節（London Festival of Architecture）

基本上整個月都持續有大大小小的活動。

● Open Garden Squares Weekend

很多平常不開放的歷史建築花園開放參觀。

● LGBT Pride in London

每年6月都會有的同志大遊行。

● The King's Birthday Parade

國王生日遊行。

7月

● 溫布頓網球公開賽（Wimbledon Tennis Championships）

通常是6月底開始，網球迷一定要體驗一下。

● Summer opening of Buckingham Palace

白金漢宮對外開放參觀。

● RHS Hampton Court Palace Garden Festival

全世界最大的花藝展之一。

● Summer sale

夏季大促銷也很好買。

8月

夏天會有很多品牌甚至酒類的不定期活動，大家出發前可以關注一下。

9月

● 倫敦設計週（London Design Festival）

除了專業展覽之外，往年相關的博物館也會舉辦與設計相關的活動與工作坊。

● London Fashion Week

和2月London Fashion Week一樣的時裝週。

10月

● London Cocktail Week

酒鬼跟調酒師共襄盛舉的時候，許多酒吧會有串連活動，熱愛跑酒吧的人可以趁這個時候喝起來！

11月

- **Bonfire Night London fireworks**

倫敦煙火節，為了紀念1605年叛國者攜帶炸彈企圖殺害國王詹姆士一世卻失敗，之後希望君主都能引以為戒的日子。

- **Remembrance Day**

11月11日，類似軍人節，西裝上會別著罌粟花，紀念參與第一次世界大戰的英國士兵。

- **EFG London Jazz Festival**

爵士音樂節活動。

- **Open House**

開放一些平時不能進入的建築，會有一系列的活動。

12月

- **Christmas at Kew**

皇家植物園的聖誕燈光秀。

- **Winter Wonderland**

在海德公園會有聖誕市集。

- **Boxing day**

如果在倫敦想大肆購物，我最推薦12月26日。

倫敦郵遞區號

大倫敦內有32個自治市，有明顯的印度、猶太以及回教社區，這也是為什麼倫敦的每個區域都各有特色。有沒有發現旅行時很多旅人喜歡查詢地點的郵遞區號，因為它像座標一樣，在地圖上比文字地址更準確！

倫敦的郵遞區號也很有趣，分成東西南北，分別以E、W、S、N為開頭，靠近中心為C（代表central），第一區以1來表示，不過在這之後就不是照區域順序了，但是從郵遞區號可以看出這個地方在倫敦的哪一邊，方便規劃行程。

倫敦交通

● 牡蠣卡 OYSTER CARD

就好比台北每個人都有一張悠遊卡,牡蠣卡就是在英國生活或是旅遊最重要的東西之一!倫敦交通很貴,每次都購買單程票不但麻煩更是傷荷包,如果有牡蠣卡就能在交通花費上精打細算一番。如果在倫敦停留的時間不長,也有倫敦交通卡及旅客牡蠣卡等可以選擇,依照自己的需求購買最划算的交通方式;不過若信用卡有開通國外刷卡服務,也可以使用信用卡的感應式扣款,選國外消費回饋高於1.5%的卡片即可。

牡蠣卡 OYSTER CARD 哪裡買

倫敦交通局遊客中心、各大車站地鐵站和牡蠣售票處或是一些小商店都能購買牡蠣卡。整個倫敦有4000個地點販售,甚至一抵達希斯洛機場或蓋特威爾機場的車站都可以購買,如果從巴黎到倫敦乘坐歐洲之星,也可以在聖潘克拉斯車站(London St Pancras International)購買喔!

票價:£7,建議直接先儲值£20,對於旅行來說會比較方便。想省錢可以盡量在離峰時段出門,車票較便宜,或是安排行程時一整天都在某幾個區域遊玩;尖峰時刻指的是週一至週五06:30～09:30和16:00～19:00。另外,現在也可以用Apple Pay以及信用卡感應,只要搭乘超過一個金額就會停止計費(Cap),所以不用太擔心。

● 倫敦地鐵

因為倫敦地鐵真的很古老，大部分的站都只有樓梯，少數有很像貨梯的電梯，比較新的站才有電梯或手扶梯，所以拖著行李的人要先有心裡準備，如果真的很重最好還是叫Uber或是Bolt，另外也請記得搭乘地鐵手扶梯時要靠右站喔！

雖然很多人都說英國地鐵很複雜，但其實還滿容易懂的，而且有用不同顏色標示，指標也很清楚，所以不用太擔心；只有某幾條線到尾端可能會有岔路（有點像是台北的橘色線），記得看好標示就不會迷路。

線路雖然比較多，但是只要有倫敦交通的APP「TfL Go」，就可以幫助你找到要搭乘的車站。目前有5條地鐵：Victoria、Central、Jubilee、Northern和Piccadilly Lines，在週五及週六都是24小時運作。

除此之外，比較特別的大概就是11歲以下搭乘倫敦的公共交通工具都免費，不過依法規定需要大人陪同。

● 倫敦巴士

大家都覺得雙層巴士很夢幻，它也是倫敦極具代表性的東西，相較於地鐵，公車的機動性當然更高，不過倫敦最後一部的15路公車，也是僅有的老式雙層巴士如今已停駛了。

倫敦巴士的價格比地鐵便宜許多，單程不管多遠都是£1.65，當天無論搭多少次最高金額就是£4.95。

第一次搭倫敦巴士的人應該會覺得超級複雜，同一站可能有a、b、c、d、e、f、g多個站牌，不同號的巴士會在不同的站牌；還好「TfL Go」也有巴士交通的安排功能，可以告訴你附近哪裡有站牌及巴士多久到達。另外，只要巴士號碼開頭為「N」就是夜間巴士，如果晚上在市中心找不到夜間巴士可以走到特拉法加廣場，那裡是夜間巴士的集散地。

● 機場交通

倫敦主要有6個機場，每一個機場都有不同交通方式可以抵達市區，依照自己的預算或時間做不同的選擇。以下介紹會從最常使用到最少使用的機場排序，大約70%的國際班機都是抵達希斯洛機場，少數會用到蓋特威爾機場或是斯坦斯德機場。

希斯洛機場 Heathrow Airport

火車：每15分鐘就會有一班直達特快車從希斯洛機場到倫敦的派丁頓車站（Paddington Station），而且5個航廈都有經過，只要15分鐘就能到達倫敦市區；除此之外，TfL Rail的輕軌也可以從希斯洛機場到派丁頓車站，搭車地點在2、3、4號航廈，車程大約是35分鐘。

地鐵：希斯洛機場所連接的地鐵是在深藍色線的**皮卡迪利線（Piccadilly Line）**，可以順便在機場的地鐵站購買牡蠣卡，到市區的時間大約50分鐘；現在還有新的紫色**伊莉莎白線（Elizabeth Line）**，到機場約40分

鐘，不僅更快更新也更乾淨！但提醒大家從倫敦出發到機場的地鐵很容易誤點，乘客也相對較多，如果是使用地鐵到機場，建議再更早出門比較保險。

長途巴士：National Express會從希斯洛機場到維多利亞長途巴士站（Victoria Coach Station），如果提早預訂可以省下很多預算。

蓋特威爾機場 Gatwick Airport

火車：Gatwick直達特快車可以從倫敦維多利亞車站（London Victoria Station）和South Terminal Train Station（機場往外走大約5分鐘即達的轉運站）出發，每15分鐘一班，車程約30分鐘；除此之外，Thameslink跟Southern火車系統也可以把大家載到倫敦市中心，就是出了機場要先搭接駁巴士到火車站。

長途巴士：National Express則會從蓋特威爾機場到維多利亞長途巴士站。

這兩種火車乘車方式都可以用牡蠣卡或是感應式信用卡上車，不過直達特快車如果提早購買通常會比較便宜。

斯坦斯德機場 Stansted Airport

火車：Stansted 特快車直達倫敦的利物浦街車站（Liverpool Street Station）大約是 47 分鐘，也是每 15 分鐘一班車喔！

長途巴士：National Express 提供運輸服務到倫敦市中心的利物浦街車站，建議提早訂票，如果是訂長途巴士一定要選時間，巴士滿了會只讓有指定時間的人先上車，沒指定時間就只能等到有位置。斯坦斯德機場也有直達巴士可以載送到倫敦市中心，提早預訂的話價格也是最便宜的。

英國旅遊實用資訊

英國時差：英國為格林威治時間，比台灣慢 8 小時，夏季日光節約時間比台灣慢 7 小時。

電壓轉接頭：英國採用 230 伏特之電壓，插頭為 3 個平針型式。

郵局：營業時間為週一至週五的 09:30 ～ 17:30，週六只營業至 12:30。

藥局：英國看醫生通常要排很久，因此藥局的藥師都滿專業的，感冒、過敏或暈車藥皆可買到。

商店：營業時間大部分為 10:00 ～ 17:30，雖然倫敦會再晚一點，但週日最晚也就開到 18:00，只有一些小型超市會營業到比較晚。

報警／救護車：撥打 999。

面額：1 英鎊等於 100 便士，也就是 £1 等於 100P，鈔票有 £50、£20、£10、£5，零錢有 £2、£1、50p、20p、10p、5p、2p、1p，第一次使用的時候要花一點時間習慣。雖然現在倫敦幾乎都能刷卡，有些地方甚至不收現金，但還是建議兌換小額英鎊以便不時之需！

公共電話：公共電話可接受零錢以及電話卡，最低金額為 60P。

小費：英國人不太有給小費的習慣，但如果有受到良好的服務還是會意思給一點，通常會給 5 ～ 10%，不過很多英國小氣巴拉的年輕人大概就把找回零錢的 1P 留下。

Chapter 2
南倫敦

離開泰晤士河南岸的河堤之後，南倫敦遠比你想像的更加多元且充滿生命力，不只擁有千年歷史的倫敦塔述說著一頁頁的歷史故事，或是飄散著美味氣息的波羅市場，南倫敦散落著許多迷人而獨特的社區。

波西米亞的伯蒙德吸引著那些尋求藝術與潮流結合的旅人，往南走進布里克斯頓（Brixton），充滿非洲與加勒比文化的斑斕；再往西南方前進，來到富裕的維多利亞（Victoria），展現著倫敦雅痞的上流生活。無論你是在尋找藝術、音樂、歷史還是現代文化，南倫敦的多樣性令人同時感受到時尚、藝術、音樂與文化的交織撞擊。

01 從英國藝術到
倫敦塔的歷史寶藏

09:45 AM 　從倫敦地鐵**維多利亞線（Victoria Line）**的匹黎可站（Pimlico tube Station）出發。

古老與現代相遇、過去與現在交織，倫敦是隱藏在兩端矛盾之中的靈感世界，泰晤士河蜿蜒穿過城市的中心，投射出倫敦在時間線上不斷變化的天際線和永恆的美麗，將倫敦的光影裝進美術館，與河畔的歷史相互輝映！

10:00 AM 泰特不列顛 Tate Britain

泰特不列顛是倫敦的泰特美術館之一，是英國藝術的寶藏殿堂，收藏了許多英國拉菲爾前派的經典藝術，例如描繪《哈姆雷特》中歐菲莉亞（Ophelia）落水而亡的經典畫作，還擁有世界上最多、我非常喜愛、也是英國的現代藝術之父Joseph Mallord William Turner的大量作品；另外還有英國第一個崛起的女性畫家，以及英國的現代藝術和攝影作品，多元且經典。

除了藝術作品之外，泰特不列顛本身的建築也很值得前往，原本作為感化監獄的它，變身美術館之後經歷洪水及戰爭，經過卡魯索聖約翰建築師事務所（Caruso St John）重獲新生的翻新，圓形大廳的設計借鑑了原始設計，新的中央樓梯和圓形大廳的地板均採用水磨石重新打造，其圖案讓人想起原來的大理石馬賽克地板。

營業時間：10:00 ～ 18:00（12/24 ～ 12/26公休）
門票：免費（建議捐款5英鎊／人）
寄物處：免費寄物
包包規定：不得帶超過55cm×40cm×20cm大小的包包入內
攝影規定：不能開閃光燈

MAP

13:25 PM **Millbank Pier**

　　倫敦泰晤士河上不只有觀光船、貨船，除了那台戰船「貝爾法斯特號」之外，倫敦的河岸還有忙碌的交通船可以搭乘，搭船至塔碼頭（Tower Pier）航程約35分鐘。

營業時間：
09:00 ～ 16:30

14:00 PM **倫敦塔 Tower of London**

　　擁有千年歷史的倫敦塔是一座非常令人著迷與恐懼的城堡，還保留著一些流傳下來的傳統儀式、眷養的烏鴉，以及許多幽魂與鬼故事出沒，收藏著象徵君主制的珍貴皇冠珠寶。千萬別忘記去拜訪住在此地的烏鴉，據說一旦烏鴉離去，王國就會陷落，因此就有了無論任何時候，倫敦塔都保證有6隻烏鴉的傳統。當然也一定要來聽聽晦暗的鬼故事，也因為這些歷史上的幽魂，讓倫敦塔更顯得神祕迷人。

　　最有趣的是，直到今天這些在城堡中維持傳統的御用侍從衛士（Yeoman Warders），在遊客散去、城堡關閉之後，城堡就搖身一變成為他們的家，裡頭不僅有牧師、醫生，甚至還有一個小酒吧。如果要前往倫敦塔，請務必提前預約購票。

MAP

16:30 PM

營業時間：
08:00～17:00

MAP

St Dunstan in the East Church Garden

　　Church of St Dunstan原本是一座12世紀的教堂，經過倫敦大火及二戰的破壞之後，英國聖公會決定不再重建教堂，使教堂逐漸成為一座廢墟；直到1967年倫敦市決定將它改造成公共花園，才有了今日的樣貌，成為倫敦市中心的一處寶藏景點，周圍環繞著中世紀教堂牆的遺跡，有石拱門、石柱和一座迷人的塔樓。

　　它以獨特的方式融合了歷史建築和鬱鬱蔥蔥的綠色植物，成為城市景觀中寧靜而風景如畫的綠洲，由於樹蔭茂密，在夏天特別受當地人歡迎。

17:30 PM　Coppa Club Tower Bridge

MAP

　　正宗的倫敦網美餐廳，最具有話題性的就是室外的玻璃屋座位。由於餐廳坐落泰晤士河沿岸，享有倫敦塔橋天際線的景色，因此玻璃屋的座位非常搶手，最好提前預約。

　　餐點的部分提供英式及歐陸料理，雖然被說是網美餐廳，實際上餐點也相當可口，不是只有裝潢漂亮而已喔！

營業時間：
09:00～23:00

19:30 PM

泰晤士河岸散步賞夜景

O2 奢華街區藝廊與 華麗變身的發電廠巨獸

09:45 AM

從倫敦地鐵 環狀線 (Circle Line) 的斯隆 廣場站(Sloane Square tube Station)出發。

營業時間：10:00 ～ 18:00

10:00 AM　薩奇藝廊 Saatchi Gallery

MAP

坐落在約克公爵豪宅裡的薩奇藝廊，自1985年以來經常舉辦當代藝術展覽，展示新興藝術家的作品。以Charles Saatchi的收藏為主題的展覽，使它成為全球當代藝術領域中最重要的美術館之

一，也讓更多年輕藝術家的作品能夠被世界看見。

若你喜愛當代藝術就非常推薦這間薩奇藝廊，在場域中激盪各種創意以及不同的聲音，每一場的特展都相當新奇有趣。

12:30 PM　斯隆廣場 Sloane Square

MAP

有「切爾西(Chelsea)的心臟」美稱的斯隆廣場是倫敦最高檔豪華的街區之一，從輕奢品牌到奢侈品牌的專門店應有盡有；除此之外還有各式華美的餐廳及精緻的獨立商店，從建築物的外觀到店面的樣貌都妝點得費盡心思，就算不購物也能

找間餐廳坐下來，走走逛逛，享受你的「Window Shopping」。

順帶一提，如果你喜歡逛書店就千萬不要錯過 John Sandoe，這間宛如鑽石般的小書店喔！

> Charles Saatchi 曾經說過：「藝術就像藥物，它可以治癒，但也可能有副作用。」就像是倫敦這個地方，它治癒了我但也留下許多副作用。

營業時間：06:30 ～ 22:30

MAP

16:00 PM 巴特西公園 Battersea Park

被評價為倫敦最好玩的公園！自19世紀開放給大眾，除了漂亮的湖泊、寶塔、怪奇的裝飾以及美麗的花園之外，還有付費使用的戶外活動遊樂設施，可以爬上樹頂、溜索等，很適合親子一同享樂。

記得事先在官網預約，雖然一個人約£35，但如果帶小朋友來絕對值回票價！

公園裡面還有一個小小的動物園，只要£12.50就能給你滿滿的驚喜；不過就算不花錢，在陽光明媚的午後探索這個充滿歷史意義的公園也是一大享受。

營業時間：週一到週六 10:00 ～ 21:00 ／週日 12:00 ～ 18:00

MAP

17:00 PM 巴特西發電廠 Battersea Power Station

巴特西發電廠從1970年代退役之後就持續被荒廢了十多年，由於它是世界上最大的磚砌建築之一，內部的裝飾藝術極為豐富且具有原創性，在1980年代被列入英國二級建築遺產，後來還被列為世界古蹟觀察名單當中；直到2012年開發商與建商決定把這個古蹟改造成大型商場，這座古蹟才成功轉型免於瀕危的命運。因為英國的古蹟保護法規相當嚴格，因此走進商場還能看見許多保留下來的歷史痕跡、裝飾藝術等等，是個很成功的古蹟新生案例。

現在巴特西發電廠上還有一個建在原來煙囪上的360度觀景台Lift109，觀景台的全票為£15.90，可以從裝飾藝術渦輪機大廳A開始，由發電站的原始記錄展覽和多媒體展示了解這座建築遺產。

此外，在戶外的廣場時常舉辦有趣的活動，例如夏天搭建螢幕以及躺椅來播放夏季運動賽事，讓大家有個地方曬太陽，晚上則會播放電影一起同樂；更令人驚豔的是，樓上居然還有無邊際泳池的設計師飯店Art'otel，由知名的西班牙設計師Jaime Hayon操刀，設計迷們如果有機會住一晚千萬不要錯過！

03 布里克斯頓與貝爾格萊維亞的多元反差美

隨著東倫敦房租高漲,越來越趨向商業化,泰晤士河南岸逐漸被大家所看到,就像是塊寶地,充滿非洲與加勒比海的文化、音樂與美食,喜愛倫敦多元文化交融的人士絕對不能錯過。

倫敦最多元的就是文化,在一天之內看見相當反差的倫敦,讓整個旅程的撞擊相當有趣,就如英國知名作家Peter Ackroyd所說:「倫敦是由柏油路相連的一系列不同的村莊所組成的!」

09:00 AM 從倫敦地鐵**維多利亞線(Victoria Line)**的布里克斯頓站(Brixton tube Station)出發。

09:15 PM

布里克斯頓市場
Brixton Market

MAP

　　布里克斯頓地區的傳統市場，雖然倫敦的每個社區都有傳統的露天市場，但這裡最特別的是有許多非裔的加勒比海移民；因此除了一般市場找得到的東西，便宜的服裝都是五顏六色的異國風情。

　　特別注意的是，雖然表定營業時間到晚上，不過攤販的營業時間基本上只到天黑之前喔！

> 營業時間：
> 08:00 ～ 23:00

> 營業時間：08:00 ～ 00:00／週日
> 08:00 ～ 18:00（店家營業時間不同）

MAP

10:00 AM

Market Row Arcade &
Brixton Village Market

　　這些市集的廊道建於1930年代，過去他們沒落蕭條、殘舊不堪，如今卻成為布里克斯頓最有活力、最明亮的地方；從加勒比街頭小吃到復古服裝、手工珠寶，五花八門的獨立商家、印度服飾和非洲織物。漫步市場可以聽到各式各樣的語言，看到萬花筒般的色彩，融合在一起營造出令人興奮的氛圍，可以說是真正的沉浸式觀光！

許多知名的倫敦連鎖餐廳在此起家，例如披薩店Franco Manca以及漢堡店Honest Burger，都可以成為逛一逛後肚子餓的選擇。

每年也都舉辦The Night Gallery活動，每個月其中一天的夜晚，這條市場廊道會被藝術及音樂環繞。

營業時間：09:00～23:00

12:30 PM

MAP

Pop Brixton

疫情過後才有的貨櫃市集，創辦人希望凝聚社區力量，讓布里克斯頓能夠充滿活力，欣欣向榮。市集裡有美食、酒吧、獨立設計師，以及不定期的活動，最酷的是酒吧裡可以找到當地的蒸餾場所製作的蘭姆酒。

更猛的是還有一個小型的社區菜園，種植可食用植物給鄰居使用，甚至可以參加工作坊喔！

14:00 PM

維多利亞車站
Victoria Station

MAP

　　靠近維多利亞車站的貝爾格萊維亞（Belgravia）是我在倫敦西南邊最喜歡的地方之一，商圈內的獨立商店、香氛、美容、珠寶、家居，與滿是精品的騎士橋（Knightsbridge）或是梅費爾（Mayfair）比起來，多了更精緻的奢華感，非常適合散步、逛街，沉浸式體驗維多利亞式美感的絕佳地點。

　　街區非常舒適之外，還有一個隱藏的購物中心Eccleston Yards可以逛街購物喝咖啡，這個區域大概是英倫生活風格的最佳詮釋。記得一定要去非常可愛的Elizabeth St散步，每一間店都看起來超有質感；此外，Pimlico Road也有許多世界級的高級家具與家飾店。

17:00 PM

The Orange Pub
& Boutique Hotel Belgravia

MAP

　　在時髦的Pimlico Road上找間餐廳吧！這裡的餐廳都融入了精品或是古董家具的氛圍，經典與現代優雅結合，即便是酒館，除了英國時令經典菜餚及披薩之外，也提供了更摩登的料理，這家小餐館就是代表之一。

　　除此之外，樓上的飯店還保留著酒館樓上小房間的古典感，The Orange Pub建於1800年代，據說是以國王威廉三世（William of Orange）的名字命名，非常推薦這家比起傳統酒館更輕鬆明亮的氛圍！

19:00 PM

MAP

阿波羅劇院
Apollo Victoria Theatre

　　阿波羅劇院正是音樂劇《女巫前傳（Wicked）》的所在地，這是一部適合大人和小孩、即便英文沒很好也沒關係的音樂劇！難得來到維多利亞周邊，不如安排個時間買張票，來欣賞這部非常經典的音樂劇。

　　劇院位置就在維多利亞車站對面，內部設計華麗，是裝飾藝術設計風格的代表作之一。

04 漫步文青社區的微小浪漫

10:00 AM　從倫敦地鐵朱比利線（Jubilee Line）的伯蒙德站（Bermondsey tube Station）出發。

伯蒙德被《Vogue》雜誌評選為倫敦最時尚的居住地之一，在這裡度過悠閒的一天，體驗最道地的倫敦生活方式——品嚐異國小吃、鑑賞世界級藝術品、逛逛跳蚤市集、在獨立餐館慢悠悠的吃頓晚餐，最後以倫敦最美的夜景香檳作結尾，是誰都會神往的行程吧！

營業時間：週六 10:00 ～ 17:00 ／週日 11:00 ～ 16:00

10:15 PM

MAP

Maltby Street Market

　　説起當地人推薦的美食市集，就一定要提到2010年才開業就受到倫敦人歡迎的Maltby Street Market，坐落於廢棄鐵道下方的維多利亞鐵道拱廊中，在一條小小的窄巷裡面，雖然沒有太多的攤位，但很少觀光客，價格也算是可愛；中午時分撲鼻而來的美食香氣，讓人感到每一間好像都很好吃！

營業時間：08:00 ～ 00:00 ／週日 08:00 ～ 18:00（店家營業時間不同）

Bermondsey St.

　　歷史悠久的社區，因羊毛交易而富裕，如今變身為製革加工社區，工廠撤出後成為古董貿易商的倉庫，現在成為倫敦最適合生活的時尚街區，是建築師、藝術家和設計師等許多創意產業的所在地。

　　這條街也是美食和美酒、咖啡愛好者的必去之地，有各種咖啡館、餐廳、美食酒吧和雞尾酒吧。每一間餐館都很美味，其中最受到當地人所愛的是José西班牙小酒館！

MAP

11:30 AM

營業時間：週二到週六 10:00 ～ 18:00 ／週日 12:00 ～ 18:00

白立方藝廊 White Cube

　　世界知名的藝術空間，在上海、巴黎、香港、紐約都看得見它的蹤跡，除了畫作之外，還有雕塑或是異材質的作品。

　　藝廊內不定期會有各式各樣不同藝術家的展覽，更重要的是可以免費參觀許多新生代藝術家以及非常有價值的藝術收藏，如果你是藝術愛好者千萬不能錯過喔！

MAP

13:00 PM

MAP

時尚與紡織博物館 Fashion and Textile Museum

營業時間：週二到週六 11:00 ～ 18:00

　　英國設計偶像女爵士（Dame Zandra Rhodes）於 2003 年創立，如今由紐漢姆學院營運，坐落在一棟由著名的墨西哥建築師 Ricardo Legorreta 設計的建築內。

　　如果你對時尚充滿熱情就絕不能錯過，有各種關於服裝歷史或織品設計的展覽，來之前可以先在官網上看看有沒有感興趣的特展喔！

營業時間：週二到週六 10:00 ～ 17:00 ／週日 11:00 ～ 17:00

MAP

14:30 PM London Glassblowing

　　1976 年由 Peter Layton 創立，是歐洲最重要的玻璃藝廊之一，也是營運時間最長的熱玻璃工作室之一。

　　藝廊裡陳列許多精美的玻璃藝術品，每一次來都有不同的驚喜。參觀者不僅可以欣賞英國最優秀玻璃藝術家的作品，還可以觀看他們在工作室中吹製玻璃工藝，通常會在 13:00 左右開始，16:30 結束，大家可以選在這段時間來參觀喔！

營業時間：週六、日 11:00～17:00

15:30 PM

MAP

Flea London Vintage & Makers Market

　　如果你喜歡古董市場與跳蚤市場，那就非來不可。Flea London 嚴選了非常優質的跳蚤市場商家，每樣寶貝都整理得很好，讓你不用翻出一堆塵土之後才能找出一樣心儀的寶貝。這裡就像是一個藏寶地，有吃有喝還有整理舒適的市集，簡直是跳蚤市場界的綠洲！

營業時間：09:00～20:00

MAP

19:30 PM

碎片塔 The Shard

　　出自以龐畢度藝術中心聞名的義大利建築師倫佐‧皮亞諾之手，是倫敦最高的建築物，由11000片玻璃打造而成，登上觀景台可以360度俯瞰倫敦全景，是相當壯觀的體驗，還可以加購酩悅香檳體驗奢華的夜景氛圍。

　　如果想在倫敦之旅用美妙的夜景搭配晚餐，也可以預約31樓的知名餐廳Aqua Shard，坐擁美景品嚐美食！

05 波羅市場周邊散策

08:30 AM 從倫敦地鐵**朱比利線（Jubilee Line）**和**北線（Northern）**旁的倫敦橋站（London Bridge Station）出發。

09:00 AM 波羅市場 Borough Market

　　波羅市集的美食與食材在倫敦是數一數二的優質，不僅可以鹹食甜點一次滿足，酒足飯飽之餘，還能帶點零食及生食回去下廚，也可以找到許多小眾卻好喝的紅白酒及烈酒。除了看起來很美味的牛肉、豬肉與海鮮之外，這裡居然有許多可口的小鮮肉，千萬不要忘記捕捉他們！

　　這座市集有將近一千年的歷史，這麼多年來一直在倫敦橋底下服務著倫敦南華克的人們，西元990年中期因為建了一座橋而吸引了大批的農夫、漁夫及釀酒師前來銷售，競爭大到甚至影響了倫敦市其他市場。在還沒有冰箱的時代經常販售活的牛或羊，甚至多到這些動物因為逃跑或是攻擊人而曾經被禁止。

每一次走這段路都覺得自己走了一遍穿越世界的奇幻之旅，透過風味、食物、藝術作品穿越時空的劇作。

泰晤士河南岸是個不知道要去哪時就能去走走的地方，吃的、喝的、玩的、買的、藝術性的、發呆的，從世界知名美食市場到莎士比亞劇場，應有盡有，沿著泰晤士河南岸散步，欣賞世界級的倫敦河岸夜景！

17世紀左右因為人潮太過熱鬧，經常在大街上擋住了當時唯一一條南北過河的路，波羅市場就被教會搬遷到了現在的地址，因此漸漸變成蔬果批發商的重要樞紐。不過20世紀時因為柯芬園（Covent Garden）市場的重新建立，導致波羅市場的萎靡；直到1990年引進了手工農產品、有機或新型的蔬果批發商進駐，才變成我們現在看到的波羅市場。

MAP

營業時間： 週二到週五10:00～17:00／
週六09:00～17:00／週日10:00～16:00

營業時間：
09:00～17:00

波羅市場必吃

● Bread Ahead Bakery

他們家的甜甜圈是傳統的無洞甜甜圈，中間塞滿了卡士達醬或果醬，超級罪惡！如果你是隻螞蟻這絕對是屬於你的甜點style。通常有5種口味，分別是藍莓、巧克力、香草卡士達、莓果和原味，鬆軟的甜甜圈麵包搭上香甜濃郁的內餡，非常的療癒人心。

特別值得一看的是，波羅市場的這間店也是他們的甜甜圈學校及中央廚房，排隊時可以看見裡頭廚師製作甜甜圈的模樣喔！

MAP

Richard Haward's Oysters

營業時間：
10:00 ～ 17:00
（週一公休）

店面小小的，只有戶外幾個座位，簡單的黑板上寫著價錢，在櫃檯跟員工們點單就能欣賞現開生蠔秀，超級俐落的手法讓人看得目不轉睛。

店內的生蠔是在埃塞克斯默西島養殖和捕獲，生長在黑水河中的生蠔被賦予了獨特且美妙的味道；他們還養殖科爾切斯特本地牡蠣和岩牡（rock oyster），價錢依大小或是否完整而有所不同，從70P ～£2.2不等，搭配檸檬及店家特製的醬料，實在是太美味了！

MAP

營業時間：
09:00 ～ 17:00

Turnips,Borough Market

其實是賣蔬果的攤販，他們家的蔬果不但長得漂亮，攤位旁還能現煮野菇燉飯。高高帥帥的廚師俐落地將野菇和燉飯混合，根本就是活招牌！

以純熟的手法撒上超多的起司，燉飯的硬度不僅剛好也很入味，愛菇的人一品嚐絕對原地發瘋，滿滿的野菇填進燉飯中，絕對是你一生中吃過的蕈菇燉飯裡數一數二的美味，讓你回味無窮、魂牽夢縈。如果沒有燉飯也不要難過，還有超好喝的新鮮果汁等著你喔！

MAP

MAP

Furness Fish Grill

每天都大排長龍的西班牙燉飯，店家本身就是賣海鮮，每次經過都覺得熱氣奔騰，香氣隨著熱氣傳到自己的鼻子前，就會不知不覺跟著排入隊伍。

這家海鮮燉飯最令人著迷的就是真材實料，分量又很大方。最後想偷偷問一下，波羅市場的店員都是帥哥這點，不知道是否已經成為標配了！

11:00 AM

莎士比亞環球劇場
Globe Theatre

　　1997年落成的莎士比亞環球劇場就坐落在「舊」環球劇場原址205公尺的地方，莎士比亞時期的劇場早已不付存在，新劇場幾乎仿照舊劇場所打造出來，為了紀念莎士比亞這位偉大的劇作家。

　　夏天的時候可以來看演出，〈仲夏夜之夢〉、〈哈姆雷特〉都很值得一看，或是參加導覽觀賞莎士比亞時代的戲服、劇本及道具等等，把你拉進莎翁的世界。它是倫敦唯一一個有茅草屋頂的建築，原本在倫敦大火之後，法規就規定不能用茅草蓋屋頂，但為了更逼真還原莎士比亞時代的情境，劇場跟政府爭取到了使用茅草屋頂的權利（當然有加強屋頂的防火設備）。

營業時間：紀念品店 10:00 ～ 17:00（依表定演出與導覽時間，最後一場導覽通常為00:00）

MAP

13:00 PM 　泰特現代美術館 Tate Modern

　　倫敦的泰特現代美術館是我最愛的博物館之一，比大英博物館還愛的那種，不僅常設展必看，期間限定策展更是每次都有驚喜，就算是免費的展覽也令人感到驚艷。建築超級美，連接著同為現代風格的千禧橋，對望古典神聖的聖保羅大教堂，這也是我在倫敦最愛的景色之一！

　　泰特現代藝術館在2000年5月成立，現在是倫敦前三名的景點，前身為河岸的發電廠，當初看上了廢棄發電廠的空間，重新設計時盡量保留發電廠原本的主要結構與建築，不過為了移除原本結構中的機房等，實在費了好大一番功夫，如今建成的成果真的非常厲害。

　　泰特現代美術館的常設展是免費的，範圍也非常大，寬敞的空間是我非常喜歡的地方，我很常沒事就過來晃晃，而且每次來都有不同的特展與策展，永遠逛不膩喔！

營業時間：
10:00 ～ 18:00

MAP

16:00 PM　**Bankside Gallery**

如果你熱愛水彩及版畫藝術，你會在這座藝廊裡迷失。Bankside Gallery是皇家水彩協會（RWS）和皇家畫家版畫協會（RE）的所在地，致力於當代水性媒材和原創印刷品，支持新晉藝術家和當代知名藝術家的作品。

如果在倫敦的博物館已經看夠20世紀以前的畫作，是時候欣賞些充滿現代風格創意，蘊含童心及繽紛色彩的作品了吧！

MAP

營業時間：
10:00 ～ 18:00

17:00 PM

MAP

Oxo Tower

傍晚時分，沿著泰晤士河南岸，散步吹風，直到夜幕低垂……如果還有時間Oxo Tower也有一些小巧可愛的藝廊及禮品店可以晃晃，底下有咖啡廳和餐廳可稍作休息，或是在旁邊知名的Lyaness酒吧來一杯調酒。

Gabriel's Wharf

擁有許多可愛的商家以及小餐館，夏天的時候是南岸最棒的休息地點。看著河岸對面的天際線，逛逛許多各有特色的獨立商店，很多在河岸散步的觀光客時常會忽略這塊小天地，不要說我沒告訴你～

MAP

18:00 PM　國家戲院 National Theatre

不管是吃晚餐還是想看戲，這裡都是好地方！英國國家劇院無論電影還是戲劇都會在此播映演出，且票價不會很貴，英文有一點程度的人都要來看看。

內部設有酒吧及咖啡廳，外面就是貨櫃街頭小吃，吃飽喝足就能學英國人走進劇院看場戲劇表演喔！

MAP

營業時間：週一到週六 10:00 ～ 23:00

20:00 PM　倫敦眼 London Eye

倫敦眼是許多人來倫敦必搭乘的摩天輪，倫敦眼繞一圈的時間為半小時，冬天要注意開放時間，可以依據自己買的票來安排泰晤士河南岸的行程。

我覺得夜景比較美，所以安排在最後一個時段，但要記得提早買票，官方

提供非常多樣票種的選擇，除了快速通關之外，還有快速通關加上一杯香檳的票種，而最便宜的全票為£25起！

MAP

21:00 PM

西敏橋 Westminster Bridge

已經不是祕密的祕密，就是拍攝大笨鐘最美的角度就在西敏橋下方的拱廊，即便不是在拱廊，也是拍攝大笨鐘避開人頭最棒的拍攝地點喔！

夜晚非常漂亮，許多倫敦攝影師的旅拍攝影都在此完成，而且晚上人比較少，不用跟其他人搶空間。

MAP

Chapter 3
東倫敦

東倫敦對我來說是多元文化與創意交織的代名詞，這裡充滿了爆炸性的創意、次文化、前衛的藝術作品，並以古董市場、派對生活和獨特的市集聞名。漫步在街道上，歷史的痕跡依舊可見。

這裡曾經是倫敦最貧困的地區，見證了倫敦的黑暗時代，如今充滿了生機。從白教堂（Whitechapel）到肖迪奇（Shoreditch），令人目眩神迷的創意獨立店家在紅磚巷市集中穿梭，每個轉角都充滿了驚喜；到了夜晚，東倫敦搖身變成了無數的地下酒吧、倉庫派對，湧現出狂熱的能量。

同時東倫敦也保有寧靜鬆弛的一面，東邊的運河兩岸享受大自然的寧靜與綠意，遠離城市的喧囂。無論何時，東倫敦總不斷變化、無法預測，永遠充滿吸引力，也使得這個區域成為一個既古老又現代、既混亂又充滿秩序的迷人場域。

01 週日東倫敦：
多元共榮的藝術市集尋寶

08:20 AM　從倫敦地鐵**中央線（Central Line）**的 Bethnal Green
Station 出發。

週日對英國人來說是家庭日，從一大早熙熙攘攘的花市、愜意的 Sunday Roast，穿梭
在紅磚巷內尋寶，古董、古著、塗鴉，走進陰鬱的開膛手傑克故事中。

08:30 AM Cafe338

每到週末就會大排長龍的早餐店，如今除了當地人之外也變得越來越廣為人知，是個獨自一人吃早餐也不奇怪的地方。

整體裝潢非常有家庭氛圍，有時候還需要和別人併桌，根本就是一間家庭餐館。我非常喜歡它的英式早餐，偶爾想吃點甜食也可以選擇鬆餅，而且連價錢也是家庭式的佛心喔！

營業時間：
06:30～17:00

MAP

10:30 AM 哥倫比亞路花市
Columbia Road Flower Market

陽光灑落卻又喧囂的週日早晨，走在前往哥倫比亞路花市的路上，看見的是抱著花、扛著樹，歡欣鼓舞充滿幸福面容的人們。坐落在東倫敦只有週日14:00前限定的花市，不同的季節有不同的植物，到了12月還會有聖誕樹呢！

除了新鮮的花草攤販，兩側林立著餐廳與家飾雜貨店，價格都很合理，許多當地人也會在這裡採買；商品幾乎沒什麼重複性，每一間店的特色都不一樣，販售物品的類型也完全不同，從茶杯、水晶杯到各種盤子或是廚房小物、園藝工具，一應俱全。

兩旁的維多利亞式商店於1860年代開始為附近的居民服務，當時除了提供生活必需品的商店之外，還有許多木工及室內裝修店，後來漸漸演變成符合現代需求的家飾及園藝商店。其實一開始花卉市場都在週六營業，但隨著猶太人口的增長才漸漸轉變為週日營業。

MAP

營業時間：
週日 08:00 ～ 14:00

The Royal Oak

充滿維多利亞風格的 The Royal Oak 是當地居民最喜歡的小酒館之一,提供道地的英國菜餚,還有週日菜單時一定要點 Roasts menu,附餐的約克夏爾布丁包超級好吃。

除了室內座位之外,天氣好的時候室外座位與啤酒花園更是一位難求,建議週日計畫逛完花市要去享用午餐的話,先訂位會比較好喔!

營業時間:
12:00 ～ 22:00

MAP

Campania&Jones

當地食物吃膩了,義大利菜永遠是最好的選擇!位於哥倫比亞路花市中的 Campania&Jones 是許多東倫敦人推薦的美食,提供新鮮的義大利麵及季節菜色,完美詮釋南義料理的浪漫。

Campania&Jones 的餐廳建築原本是一個乳牛場,如今依稀還可以看見當時的影子,一個客廳連著花園與開放式廚房,來自坎帕尼亞的主廚現場料理,與其說是到餐廳吃飯,更像是到義大利鄉村田野的朋友家吃飯的感覺。菜單時常變換,每次來都有不同的新奇感,前菜份量都不大,在這裡用餐感覺像是把我帶回夢一般的南義之旅!

營業時間:
週一公休(週日不接受訂位)

MAP

Ezra Street

　　你以為這樣就結束了嗎？在哥倫比亞路花市旁邊有許多獨立設計師商店，以及小小的跳蚤市場跟古董店，且全部都是週日限定。

　　美味的義大利餐館和街頭小吃也是這條路最大的看點，還維持了維多利亞時代的鵝卵石街道及路燈喔！

MAP

Cake Hole Cafe @Vintage Heaven

　　如果中午過後才來訪就可以到這間英國鄉村風下午茶坐坐，隱藏在一間碗盤店後方，擁有平易近人的價格外，還能在可愛的街道品嚐道地的英式 Cream Tea（傳統簡單的英式下午茶，一般來說是司康加茶的組合），是多麼美好的週日午後！

MAP

營業時間：08:30 ～ 17:00

13:00 PM

營業時間：週六、日 11:00 ～ 17:00

紅磚巷 Brick Lane

從紅磚巷一直到斯皮特爾菲爾茲（Spitalfields），這個區域從18世紀開始就是倫敦惡名昭彰非常混亂的貧民窟中心，經歷多次的移民潮，如今已變成一個非常有活力、多元文化，充滿許多藝術家與孟加拉和猶太移民的社區。

MAP

紅教堂街
Redchurch Street

MAP

從哥倫比亞花市走到紅磚巷市集的前一個路口，這條紅教堂街雖然只有小小的6個小街區卻充斥著滿滿的質感設計品牌與選物店，可説是熱愛設計與時尚人士的天堂。

在這裡面還有一間倫敦的咖啡名店 Allpress Espresso Bar，是前往人滿為患的市集前補充咖啡因的好地方，而 Jolene Redchurch Street 則是當地最好的麵包店。

紅磚巷市集
Brick Lane Market

MAP

營業時間：
週日限定 10:00 ～ 17:00

　　好喝的咖啡廳、好吃的猶太貝果、各種異國的街頭小吃，以及多到逛不完、可以盡情挖寶的二手古著店跟古董市場，還有全倫敦最好吃又道地的印度料理，這裡就是倫敦最大的孟加拉移民社區，許多街道路牌上也能看見孟加拉文的蹤跡，每一面牆都是藝術品，充斥著滿滿的塗鴉創作，甚至包括英國塗鴉藝術家 Banksy 的作品。

　　其實紅磚巷以前叫做「Whitechapel Lane」，沿著這條街就能走到當年開膛手傑克犯案的大本營——白教堂區，而紅磚巷市場是從 17 世紀末開始發跡，掐指一算也有 400 年的歷史，可以從路名 Fashion Street 看出一些端倪，在 18 世紀時以製造業為主，包含了倫敦最好的裁縫及紡織工業。

● Beigel Bake Brick Lane Bakery

紅磚巷必吃的就是這間 24 小時全年無休的猶太貝果店，一定要點鹹牛肉貝果，肉不但給超多，貝果口感也超Q彈，光是聞到就令人食指大動；如果只想吃一般的麵包、甜甜圈或是杏仁可頌，也都好吃又超級便宜。

不過店員感覺很厭世，建議點餐跟付錢動作都要快一點，不然會跟不上店員的速度喔！

MAP

● Hunky Dory Vintage

一間連門面都看起來非常具有歷史氛圍的古著店，店內服裝都整理得很好，還會標上年代，可以看的出老闆娘對於古著的獨到眼光。風格都是比較優雅的復古二手衣，手袋與鞋子也都很漂亮！

營業時間：
11:30 ～ 19:00

MAP

● Rokit Vintage

營業時間：
11:00 ～ 19:00

在倫敦有很多分店的 Rokit vintage，除了真的有年份的衣服之外，其實很大部分都是二手衣，以古著來說定價相對親民一些，雖然東西很多很雜，但大部分的商品都整理的很乾淨。

MAP

● Brick Lane Bookshop

東倫敦赫赫有名的獨立書店，雖然小巧但選書都很迷人可愛，非常具有歷史意義的它從1970年代開始營業，逐漸成為藝術家聚集的地方，Brick Lane Bookshop 的成立也作為當時社區藝術家的聚集中心，辦了許多活動促進了紅磚巷的發展，愛書人記得一定要來朝聖喔！

營業時間：
10:00 ～ 18:00

MAP

● House of Vintage Shoreditch

我個人非常喜歡的古著店，每件商品都是老闆精挑細選，服飾的狀況幾乎都非常良好，也整理得整齊乾淨，地下室還有很多年代更久遠、更細緻的洋裝可以挖寶。

MAP

營業時間：
11:30 ～ 18:30

● Levisons Vintage Clothing

營業時間：
11:00 ～ 18:30

MAP

以男裝為主的古著店，大部分都是軍裝，例如比較保暖的軍用款外套和靴子，或是高定的西服襯衫、精緻的針織，也因為都是真的男裝古著，所以價錢比較高，但是喜歡古著的男生一定要進來看看！

Truman's Markets

　　紅磚巷內每週日最瘋狂的就是各式各樣的市集，除了這條街上的店家以及攤商之外，以杜魯門釀酒廠（The Truman Brewery）為中心總共有6個市集，從古著、古董、文創設計商品再到各國特色街邊小吃，應有盡有。

　　杜魯門釀酒廠本身是一座已經沒有在生產啤酒的釀造場，如果要追溯它的年代，是17世紀就開始釀造啤酒，曾為全世界生產量最大的釀酒廠之一，如今成為市集、快閃活動以及夜生活等藝術場域，以下跟著我一窺 Truman's Markets 都在玩什麼吧！

● The Tea Rooms

營業時間：
11:00 ～ 18:00

不是下午茶咖啡廳，是有著許多小小攤位的場所。空間上感覺像是一個地窖，大部分是古著與古董類型的商品；雖然需要靠運氣挖寶，但總會看見許多美好的物品或是衣服。

MAP

● The Brick Lane Vintage Market

營業時間：
10:00 ～ 18:00

MAP

位在地下室裡面，集結很多間不同的古著攤販，許多衣服都整理得很好、非常精緻，而且有許多二手名牌如 Burberry。有些攤位是路面上的古著店擺的，他們會挑比較好的商品展示，以便吸引客人到他們的實體店面。

● Upmarket

這是一個有非常多小吃攤及設計師時裝的室內市場，偶爾也會有特別的活動，例如有一天全部都是古著或是有主題性的市集。

順帶一提，當年開膛手傑克謀殺的其中一名受害者Annie Chapman，被找到遺體的地點就是在Upmarket隔壁的隔壁（29Hanbury Street），不過隨著釀酒廠的擴建，原本的建築物已經不在了。

MAP

營業時間：
10:00 ～ 18:00

● Backyard Market

這是一個充滿手作的藝術家市集，從小飾品、耳環到織品設計，或是無框畫，各種手作藝術家的攤位都在這裡。

MAP

營業時間：
11:30 ～ 18:30

Ely's Yard Food Trucks

營業時間：
11:00 ～ 23:00

MAP

在杜魯門釀酒廠的建築後方有一大片空地，每週日會有許多餐車出沒，也有設置座位，天氣好在這邊吃午餐會是一大享受！

營業時間：
10:00 ～ 18:00

● Rinse

MAP

攤位以獨立時裝設計師為主，像是新銳設計師的展示間，對時尚設計或是小眾設計師有興趣的可以進去玩喔！

MAP

● Princelet St

這條街常被許多人忽略，但當你往它的西邊走，會發現維多利亞式的老舊門面，這裡曾經寫下東倫敦移民潮的興衰與故事，現在 19 Princelet St 則是一座不定時開放的多元與移民博物館。

Poppies Fish&Chips

趕在餐期排不到位置之前，先來點排隊名店的英國炸魚薯條，裝潢非常復古，宛如回到1960年代。店內每天送來新鮮的魚，炸魚的裹粉厚度也剛剛好，非常好吃，沒有一次失望過！

營業時間：
11:00 ～ 22:00

MAP

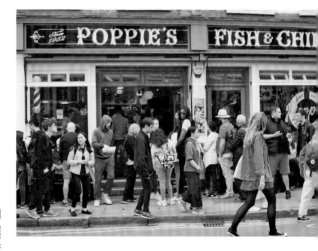

MAP

Old Spitalfields Market

營業時間：
週日 10:00 ～ 17:00

　　一個充滿美食與手作藝術家的市集，好玩的地方是，週日給觀光客，平日則有更多有趣的體驗。如果你是古董家具迷，特別歡迎週四 Vintage Market Day 來玩喔！

● Spitalfields Market

作為 Old Spitalfields Market 的延伸，有更多精緻的餐廳，但也少不了各式手作與服裝攤位。營業時間比較晚，也會有不定期的活動，例如露天電影院等，大部分都是免費，大家要來之前可以先上官網瞧瞧。

WEB　　**MAP**

營業時間：
09:00 ～ 23:00

利物浦街車站 Liverpool Street Station

MAP

　　週日的店家結束營業較早，如果想小酌一下可以沿著道路往利物浦街車站走，途中有許多酒館與酒吧可以駐足。在夜晚的燈光下，Artillery Psge 等這些巷弄顯得特別迷人！

02 尋訪 18 與 19 世紀的 東倫敦歷史

如果你不是特別喜愛逛市集，可能一兩個小時內就可以結束紅磚巷之旅，但這裡其實有許多歷史建築以及不為人知的博物館隱藏在維多利亞式老宅的小巷弄；不妨跟著開膛手傑克犯案的腳步與移民潮的步伐，來更了解 18 世紀與 19 世紀時這個文化共榮的東倫敦社區吧！

08:20 AM

從倫敦地鐵**伊莉莎白線（Elizabeth Line）** 的利物浦街車站（Liverpool Street Station）出發。

09:00 AM

> 營業時間：07:30 ～ 21:30
> ／週日 07:30 ～ 17:00

Breakfast Club Spitalfields

倫敦非常有名的早午餐連鎖店，每一間分店都開在非常閒適的街道上，早午餐好吃、價格合理之外，氣氛總是充滿活力。

MAP

10:30 AM

Dennis Severs' House

營業時間：週五、六 07:30～21:30 ／週日 07:30～17:00

小小的博物館講述了18世紀和19世紀斯皮塔佛德區域的生活，透過想像中的法國胡格諾（新教教派）移民家庭視角，隨著斯皮塔佛德從富裕的商人區變遷為擁擠而腐朽的維多利亞貧民窟，也講述著這棟房子的命運變化。

MAP

Fournier Street

這條街上的建築設計在1720年代非常精緻與高級，當時購買或是租用這些房子的人都是法國胡格諾的織品大師，尤其是門牌14號，當年維多利亞女王的加冕禮服就是在此棟的3樓所織成。

MAP

White's Row

這條路在二戰之後幾乎重新改建，只有5號門牌仍是18世紀的建物。傳言開膛手受害者 Annie Millwood 的家就在8號，可惜已不復存在；但周邊舊巷是紅磚巷的延續，許多巷弄都有豐沛的塗鴉，非常值得駐足欣賞。

MAP

12:30 PM

MAP

13Brick Lane

　　一間咖哩餐廳與小旅館，過去曾經是一間叫做 Ye Frying Pan 的小酒館，是開膛手傑克的第一個受害者 Mary Nichols 生前最後出沒的地方，旁邊還有個小巷子可以通往當時 Mary Nichols 所居住的街區。

營業時間：週日到週三 12:00 ～ 00:00 ／週四到週六 12:00 ～ 01:00

17:00 PM

The Ten Bells

　　如果你餓了，除了在斯皮塔佛德市場（Spitalfields Market）尋覓美食之外，也可以選擇晚餐來點 Pub Food ！這間酒館在 18 世紀就已經存在，現在列為英國的二級古蹟名錄。

　　開膛手傑克的受害者中有兩個人與這間酒館有著密切的關係，這也是為什麼有人會說這裡是開膛手傑克的狩獵場域，也有人說開膛手傑克曾經是這裡的座上賓。

MAP

營業時間：週二到週日 11:00 ～ 18:00 ／週四 11:00 ～ 21:00

14:00 PM

MAP

白教堂美術館
Whitechapel Gallery

　　白教堂美術館是一間現代藝術美術館，開放給所有人及藝術家的美術館，跟這個街區一樣活潑多元以及共榮，早期它曾經是全英國唯一展出畢卡索、芙烈達等藝術家作品的博物館。

03 週六東倫敦：
東倫敦文青生活

09:30 AM 從倫敦地鐵的利物浦街車站（Liverpool Street Station）
出發。

旅行時免不了想在最短的時間內走訪最多的景點，但旅行不就是休假日的放鬆嗎？在
行程中間找一天，將步伐放慢，享受當地人獨有的生活步調。週六就讓我們跟著東倫
敦文青的悠閒腳步，探索倫敦東邊獨有的恢意與生活風格。

10:00 AM

營業時間：週六 08:00 ～ 15:00

百老匯市集 Broadway Market

　　不管選擇哪一站下車都需要再走一段距離，加上只有週六限定，因此是倫敦知名市集中的一股清流，觀光客較少也使得市集攤商的品質更好。

Specialty Farmhouse Cheese

　　除了倫敦咖啡廳名店之外還有許多好吃的東西，義大利菜、英式早午餐、麵包店等等，還有二手衣、二手書攤，以及比紅磚巷或是老斯皮塔佛德市集更細緻的手作文創攤販與藝術家，旁邊還有愜意的攝政運河與 London Fields 公園，很適合與朋友聊天、野餐、曬太陽。如果到倫敦旅遊不妨來散散步，度過悠閒愜意的一個午後。

MAP

10:30 AM

營業時間：週一到週五 07:00 ～ 17:00／週六、日 08:00 ～ 18:00

● The Bach

一間紐西蘭與英國混血的早午餐店，菜單上的選項很多，工作人員也非常親切，還有豐富的純素以及無麩質菜單，非常貼心！

很推薦 Bach Breez 早午餐，除了自製的酸種麵包，提供的番茄還是超美味的串採番茄，所有餐點都是店家現場製作，很推薦週六來享用早午餐。

MAP

Broadway Market ▷ Netil Market ▷ Victoria Park

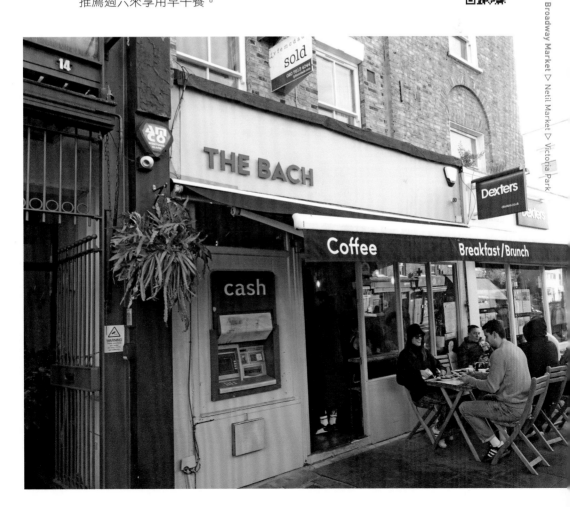

Donlon Books

一間小巧但不尋常的獨立書店，有許多稀有的藝術書籍和非文學藏書，主題大多也比較小眾：批判理論、LGBT文學、音樂、時尚、反主流文化、情色和神祕學。

店內放的音樂體現出老闆的品味，在這裡可以找到多元的藝術文化書籍，而且因為非常支持獨立出版，所以能找到很多在外面找不到的藏書喔！

MAP

營業時間：週一到週五07:00 ～ 17:00 ／週六08:30 ～ 17:00 ／週日09:00 ～ 17:00

Climpson&Sons Café

小小的店面假日總是擠滿著人潮，外觀可愛復古，裡面是排著隊買咖啡及等咖啡的人潮，外面也總是有人在等待著。

除了店員很親切之外，還被評為倫敦最好的咖啡店之一，絕對不要錯過他們的Flat White，有自己煮咖啡習慣的朋友也別忘了帶一包他們自家烘培的咖啡豆走喔！

營業時間：週一到週五07:00 ～ 17:00 ／週六08:30 ～ 17:00 ／週日09:00 ～ 17:00

MAP

14:00 PM Netil Market

營業時間：週五到週日09:00 ～ 22:00

　　坐落在百老匯市集大約走路5分鐘的地方，充滿了精心挑選的街頭小吃與精釀啤酒，還有獨立設計師的攤位及工作室，倫敦知名的台式小吃Bao就是在此起家，這裡的小吃攤都是明日之星，隨便挑都不會踩雷！市場內充滿年輕創意的氣氛，因此也漸漸變成創業家的孵化據點。

MAP

15:30 PM

維多利亞公園
Victoria Park

MAP

如果覺得市集人潮太多，找不到位置來享用你的街頭小吃，不妨外帶到旁邊的維多利亞公園好好享用吧！

維多利亞公園是倫敦歷史最久遠的公共綠地，已經有170年的歷史，有各種不同的遊戲區、球場及滑板場，還有大片的草皮，天氣好的時候附近的居民都會在此曬太陽，著實令人感到愜意。

16:30 PM

Pound Path Walkpath

當地人在週末好天氣最喜歡的事情，就是在攝政運河旁野餐以及散步。從維多利亞公園一路往西走，看看運河的生態及新奇的船屋，周圍的人躺在船屋上曬太陽、推著嬰兒車享受天倫之樂，發現不一樣的生活方式。

建議路線：從Crown Gate West（362 Old Ford Rd, E9 7DE）的小徑開始往西走，一路走到Queen's Bridge Rd（Regents Court, PE8 4QA）上來到大馬路，再慢慢往南走到Hoxton感受東倫敦年輕人的夜生活。

18:00 PM

Ever After&Happiness Forgets

Happiness Forgets是世界50大酒吧之一，曾經坐在世界第三的寶座，一直以來它的首席調酒師都是倫敦酒吧圈的佼佼者；疫情過後樓上開了一間姊妹店Ever After，提供下酒的餐點、晚餐和美味的調酒。

營業時間：
17:00 ～ 23:00

建議先在樓上吃點東西喝杯開胃酒，再到樓下的隱藏酒吧度過微醺時光。小巧低調的酒吧裡，調酒師都很親切，完全沒有世界級的距離感，非常推薦給初來乍到倫敦的酒鬼們。

MAP

老街車站 Old Street Station

MAP

最後在老街車站結束今晚的行程。整條路上有非常多的酒吧與俱樂部，可以依據自己的喜好跑吧，老街車站在週末是24小時營運，非常方便！

週六晚間的 Bar Hopping！

倫敦是個夜生活相當豐富的地方，除了隨處可見的 Pub 之外，也匯聚了許多世界知名的調酒吧，從經典調酒到讓味蕾爆炸的風味撞擊；從溫馨小巧的小酒吧到極簡具實驗性的前衛調飲吧，在倫敦的夜晚我們總可以找到自己的應許之地！

Seed Library

營業時間：
週三到週六 18:00 ～
01:00 ／週日
17:00 ～ 00:00

由倫敦知名調酒師 Mr. Lyan 領軍的調酒團隊，坐落在五星級設計旅店 One Hundred Shoreditch 的地下室，酒單的設計以模擬自然與相似的風味為主題，大多是經典調酒的變化版本，美味樸實又不失新意。

MAP

營業時間：
週一到週四 18:00 ～ 01:00 ／週五、六
18:00 ～ 02:00 ／週日 18:00 ～ 00:00

Callooh Callay

幾乎每年都榮獲世界 50 大酒吧的 Callooh Callay，坐落在 Hoxton 最熱鬧的巷子之中，除了好喝的調酒與親切的服務之外，最大的看點是酒單設計，他們每年都會玩出新花招，讓人每次來都能有不同的小驚喜，週末人多時也有人願意站著喝一杯，非常熱鬧。

MAP

營業時間：
週二 17:00 ～ 00:00 ／週三 00:00 ～
12:00、17:00 ～ 00:00 ／週四 00:00 ～
12:00、17:00 ～ 02:00 ／週五 16:00 ～
03:00 ／週六 12:00 ～ 03:00

MAP

The Book Club

　　聽到店名覺得跟喝酒沒太大的
關係，但到了週末晚上就會搖身變
成夜店，除了提供食物、調酒、啤
酒，還會結合藝術，每季都會與不
同藝術家合作策展。

　　如果想要尋找好喝又便宜的琴
通寧（Gin&Tonic），每週四都有
「一杯琴通寧只要5英鎊」的活動
喔！

營業時間：
週日～週二 18:00 ～ 00:30 ／週三、四
18:00 ～ 01:00 ／週五、六 18:00 ～ 02:00

MAP

Nightjar

　　如果你喜歡爵士樂，來到
Nightjar絕對不會錯！復古華麗
的裝潢以及浮誇系的美味調酒，
搭上現場爵士樂隊的演出，彷彿
把你拉回美好的1920年代，像是
在《大亨小傳》的場景中品飲調
酒。酒吧的門口很小，是為了營
造出禁酒令時代Speakeasy bar的
樣貌。

ntary

MAGIC

COLLAB

APPLE JUIZE
Tayēr x 30&40 Calvados, Martini Rosso
Vermouth, Oloroso Sherry, Lemon +
Sandalwood   12

RUDI PAPARAZZI
Amaro Montenegro + Quiquiriqui
Tobala Mezcal   4.5

VETIVER VIEUX CARRÉ
Whistle Pig Rye Whiskey, Marquis De
Montesquiou VS Armagnac, Martini Rosso
Vermouth + Muyu Vetiver Gris   15

BEER + SHOT OF HAPPINESS
Asahi Super Dry + Stauning Rye Whisky   10

£5 per sold serve will be donated to our
charity partner Switchback, a London charity
working to enable young men a way out of
the justice system.

OFTEST HARD

OLOS KOMBUCHA
nset Hops   8

NOT DRINKING....BUT MAKE IT
LICIOUS   8

rleaf Forest, Bitter Orange, Paragon
ur Berry + Tayēr Soda W

MAP

營業時間：
週二、三 15:00 ～
00:00 ／週四到週六
15:00 ～ 01:00

Tayēr + Elementary

　　由兩位英國調酒界的先鋒所創立，運用各種不同的技法萃取風味賦予調酒生命是他們厲害的地方。其實由兩個酒吧所組成，充滿現代感的外側吧台座位，以預調的小份量或是低酒精調酒為主，推薦一定要喝 One Sip Martini。

　　裡面的酒吧很特別的是，走進去會先經過一個半開放式廚房，吧台的設計是一個中島，看調酒師現場調酒如同表演一般精彩。

MAP

營業時間：
17:00 ～ 00:00

Satan's Whiskers

　　沒有現代流行的花俏調酒概念，專注於經典調酒與新鮮的食材，更重要的是有如靈魂般專業但熱情的調酒師。

　　在昏黃的燈光之中，砌磚的牆角、服貼的老舊海報、背景放著流行的嘻哈音樂與酒客的喧囂耳語，那樣的 Old School 在現今變化多端的調酒世界殺出重圍，拿下世界前 50，也是我在倫敦每家酒吧遇見的每一位調酒師一致推薦的好地方！

05 格林威治皇家自治市——
倫敦後花園

10:00 AM 搭乘倫敦輕軌 DLR 抵達 Greenwich Station 或是 Cutty Sark。

靠近地鐵站的地方有間 M&S 超市，建議買些野餐的食物或零食，畢竟格林威治太多好看的景點了，很需要隨時補充體力，逛累了也可以在格林威治公園野餐，眺望倫敦市中心的景色。

迷人的皇家天文台子午線，世界的時鐘就在這兒，但格林威治反而像是時間靜止一般，卡蒂薩克號、國家海事博物館、舊皇家海軍學院、倫敦纜車、格林威治市場、格林威治公園和O2競技場，雖然還在倫敦卻彷彿離開了倫敦。

讓我們一同漫步倫敦的後花園，遠離現代巴比倫的塵囂，想像維多利亞航海時代的偉大。

10:30 AM

營業時間：10:00 ～ 17:30

格林威治市場 Greenwich Market

花點時間探索歷史悠久的格林威治市場，有許多英國設計師品牌、文創商品甚至藝術家，旁邊環繞著來自世界各地的美味街頭美食，可以找一間喜愛的攤位當作早午餐，而且很潮的是，還有素食和無麩質食品的選擇喔！

手作藝術家的商品都很獨特，各個精心挑選，沒有雷同的攤位，旁邊還有古董市集，雖然許多精美的家具家飾無法搬回家，但也令人賞心悅目。

MAP

11:30 AM

營業時間：10:00 ～ 17:00
（週日公休）

MAP

卡提薩克號 Cutty Sark

　　建於 1869 年，主要工作就是在航海時代將茶葉從中國運回英國，服役期間幾乎訪問了世界上各個主要港口，是非常具有傳奇色彩的一艘古老帆船；能夠近距離參觀實在厲害，過往只有在電影中看到這樣的巨大帆船，能想像維多利亞時代英國海軍的強盛。

　　它也是格林威治皇家博物館的一部份，購買格林威治皇家博物館通票就包含了皇家格林威治天文臺的門票喔！

12:45 PM

營業時間：10:00～17:00

舊皇家海軍學院 Old Royal Naval College

　　位在格林威治的都鐸宮遺址上，亨利八世和伊麗莎白一世在此出生，旁邊就是女王宮。因為當時希望可以容納退休的海軍，所以可容納的大小非常可觀。

　　另外也絕對不能錯過，由18世紀的英國畫家Sir James Thornhill 所設計，巴洛克風格的Painted Hall天花板彩繪畫廳，有倫敦西斯汀教堂的美稱，非常值得一看！

MAP

14:30 PM

營業時間：10:00～17:00

皇家海事博物館 National Maritime Museum

　　博物館有14個不同的畫廊可以讓你好好探索，靠近納爾遜海軍上將在特拉法加海戰中身負重傷時所穿的制服，讓人反思歐洲探險的複雜性，以及如何塑造了我們今天所知的太平洋。

MAP

　　在展間體驗普通海員和知名人物的生活，例如哥倫布、伊麗莎白一世和弗朗西斯，對海上貿易及探險的歷史有興趣的人一定會很喜歡。

營業時間：10:00 ～ 17:00

16:00 PM

皇后宮
Queen's House

　　坐落皇家海事博物館對面，博物館本身是一座16世紀的豪宅，是詹姆士一世為瑪莉皇后所修建的居所，豪宅中最壯觀的便是華美的旋轉樓梯，是許多攝影師拍攝的祕密景點。

　　裡面收藏了許多貴族的畫像，可以一窺英國貴族的奢華生活。最後分享個小小冷知識，我們現在進出王后宮的正門，在當時可是後門呢！

MAP

營業時間：10:00 ～ 18:00

MAP

17:15 PM

格林威治皇家天文台
Royal Observatory

　　大家來格林威治的主要目的就是為了本初子午線，由查理二世國王於17世紀建立，當時的偉大科學家正是從這裡精確繪製了恆星圖，以幫助在海上航行。

　　站在子午線一邊，一隻腳在東半球，一隻腳在西半球，實在是個非常神奇的體驗。天文台就在格林威治公園裡，如果累了或餓了也可以先在公園斜坡處野餐喔！

18:00 PM

MAP

Greenwich Foot Tunnel

　　1902年開放給大眾參觀的河底隧道，連接格林威治與金融區的道格拉斯島，令人驚奇於走在泰晤士河底下。

　　喜歡走路的人可以體驗看看這個不太一樣、有百年歷史的地下道，我自己很喜歡也覺得很酷！

19:00 PM

營業時間：08:00 ～ 23:00

Dishoom Canary Wharf

　　英國知名的印度料理連鎖店 Dishoom 每天都座無虛席，而在金絲雀碼頭的這間是以1970年代為靈感所設計的店面，喜愛摩登復古風的人一定會愛上它的空間與家具設計。

MAP

　　由於離倫敦市中心比較遠，少了跟觀光客排隊的繁忙，因此在一日遊的行程中，我特別選定在這間店品嚐倫敦最潮的印度菜，記得一定要點孟買凝脂奶油龍蝦喔！

06 東倫敦親子一日探險

10:00 AM

從倫敦地鐵**中央線（Central Line）**的 Bethnal Green Station 出發。

10:15 AM E Pellicci

營業時間：週一到週五 08:00 ～ 15.30 ／週六 08:00 ～ 15.00

　　東倫敦必吃，我每個月至少會光顧一次的小餐館，古色古香的內部裝潢被英國政府列為二級國家文化遺產，重點是我以前去都不用排隊，那時只有當地人，現在卻大排長龍；我一問之下才知道英國電影《金牌黑幫》有一幕就是在這取景。

MAP

　　這是一間英式早午餐店，基本的英式早餐、三明治等等都很家常又美味，最特別的是有義大利麵跟千層麵，甜點還有提拉米蘇跟阿芙佳朵（Affogato），他們還有賣罐裝的手工青醬，根本是隱藏在英國餐廳的小義大利！我常常聽到店員用義大利文聊天，但跟客人講話時又操著英國腔，感覺很有趣；同時它也是我居住在倫敦的義大利朋友們一致推薦的餐廳，就是只收現金這點要注意一下喔！

倫敦是一座感官的遊樂場，不管是大人還是小孩，只要你有冒險與熱愛自由的心，
就可以在這座城市飛翔、在多元的社區中探險，倫敦的每個角落都歡迎你來玩耍，
每個景點都是遊樂場中的另一座遊戲區！

12:00 PM

兒童博物館 Young V&A

MAP

　　歷時3年重新設計與打造的兒童博物館終於在2023年夏天重新開幕，成為一座「用玩的美術館」，讓親子沉浸在想像、玩樂與設計的宇宙之中。

　　就連身為大人的我走進去也感到前所未有的驚奇，顛覆了一般人對美術館的想像；它更像一座充滿寓教於樂的遊樂場，連大人在裡頭都能變回孩子，如果有帶小孩一定要來玩一下！

> 營業時間：10:00 ～ 17:45

14:30 PM

MAP

Queen Elizabeth Olympic Park

　　作為2012年倫敦奧運會的中心場地，這片佔地227公頃的廣闊土地包括主要的奧運會場館、遊樂場、步行道、自行車道和花園，以及各種濕地、林地、草地與其他野生動物棲息地，非常適合全家一起來散心玩樂；其中最主要的建築為倫敦體育場，現在是西漢姆聯足球俱樂部（West Ham United FC）的主場，足球迷不妨來朝聖一下。

　　另外，最受大家歡迎的是ArcelorMittal Orbit這座扭曲的紅色現代建築，天氣好時從觀景台可以欣賞到倫敦32公里遠的景色，還附帶一個全世界最長的滑梯，40秒就能抵達地面相當刺激。

16:00 PM

> 營業時間：週一到週六
> 10:00 ～ 21:00 ／週日
> 12:00 ～ 18:00

Westfield Stratford City

　　斯特拉特福（Stratford）有個歐洲最大的購物中心之一——Westfield Stratford City，不管是逛街、累了、餓了，還是想看電影，都可以來走走。每年夏季折扣及Boxing day的時候更是擠得水洩不通，擁有大約250家商店和80間餐飲品牌，也是東倫敦居民週末購物最受歡迎的地方。

MAP

Chapter 4
西倫敦

西倫敦的高貴優雅無疑是許多人心目中典型的英倫風情，從莊嚴的白金漢宮到宏偉的西敏寺，這片區域到處是皇家氣息和歷史的積澱。綠意盎然的皇家園林，如海德公園和肯辛頓花園，為這座大都市增添了難得的寧靜之美。

不僅如此，西倫敦還是奢華的購物天堂，琳瑯滿目的奢侈品旗艦店分佈在騎士橋與梅菲爾的繁華街道，這裡同時也是博物館愛好者的天堂，自然歷史博物館、維多利亞與亞伯特博物館等，為人們提供文化與藝術盛宴。

整排的維多利亞時期建築矗立在寧靜的街道兩旁，仿佛喚醒了昔日倫敦的輝煌，同時還有無數間讓人垂涎的米其林星級餐廳。無論是在繁華的巷弄中探索隱藏的鑽石，還是漫步在奢華典雅的街區，西倫敦令人充滿著對於下一個轉角的期待。

01 V&A 維多利亞與亞伯特博物館文藝血拚

非常迷人富裕的南肯辛頓社區，周邊有很多飯店，旁邊相連的4座博物館分別是自然與歷史博物館、科學博物館與伊斯瑪因文化中心（Ismaili Centre），以及這段路線的重點——V&A 維多利亞與亞伯特博物館。因為非常鄰近哈洛德百貨公司，還有著以高檔精品聞名的 Sloane Street，是個充滿人文浪漫氣息的地方。

10:00 AM 從倫敦地鐵環狀線（Circle Line）與**皮卡迪利線（Piccadilly Line）**交會的南肯辛頓站（Bethnal Green Station）出發。

10:00 AM

V&A South Kensington

　　V&A美術館主要是展出工藝及生活藝術設計類型的展品,透過大量的收藏一窺設計史,從建築、室內設計、生活器皿、裝飾藝術到服裝設計,應有盡有。整座美術館是19世紀維多利亞時期建築,一開始被稱為工藝美術館,主要展品為17～19世紀的工藝作品,另外有許多中世紀的藝術收藏,帶領我們看見歷史工藝的演變與進步,光是美術館的建築、階梯壁畫與雕刻就等同上了一堂建築美學。

　　V&A博物館有相當完善的多媒體導覽,幾乎每個展間都有影音資料可以觀看,手機也可以直接聆聽導覽,非常方便!建議熱愛藝術設計的人可以把一整天都留給這座博物館。最後告訴你一個小祕密,V&A博物館是全世界第一個有咖啡廳的博物館,午餐非常建議直接在博物館享用。

營業時間: 10:00 ～ 17:45／週五 10:00 ～ 22:00

MAP

15:00 PM

Ennismore Mews

　　Ennismore Mews就坐落在海德公園附近，是一條鵝卵石鋪成的L形可愛街道，在維多利亞時期這處可愛的矮房子街道，主要是為一旁Ennismore花園周圍的住戶提供馬廄、馬車房以及僕人的住所，據當時的紀錄這個街區一直都是優渥的住宅區。

　　除此之外，這裡也是前往哈洛德百貨公司的必經之地，卻因為坐落在建築的後街，因此常常被路過的人忽略。不管四季如何更迭，散步其中都覺得好浪漫，但還是提醒大家這些可愛的小屋都有人居住，經過的時候一定要尊重住戶喔！

MAP

15:30 PM

營業時間：10:00 ～ 21:00

哈洛德百貨公司 Harrods

　　倫敦最有名的百貨公司非哈洛德百貨公司莫屬，擁有兩百多年歷史的它，除了豪華氣派之外，櫥窗更是吸睛，就算沒聽過也一定看過每年哈洛德百貨公司推出的限量哈洛德熊，聖誕櫥窗就是百貨公司的重頭戲。

　　最受大家喜愛的就是美食街，除了各式各樣的英國茶、餅乾等非常適合帶回國的伴手禮，裡面還有28間餐廳，包括各國美食以及英式下午茶，推薦大家來逛街順便吃點東西再挑個伴手禮，收穫滿滿！

MAP

17:30 PM Sloane Street & Motcomb Street

如果你熱愛精品，那Sloane Street絕對是你的應許之地，路易威登、愛瑪仕等知名國際精品旗艦店都設在此處。

如果你有時尚且時髦的品味，可以往下走到Motcomb Street，除了高級餐廳之外，還有花藝教室、訂製髮廊、精品家飾等，各種可以滿足你對「美」的喜好的店家！

MAP

V&A South Kensington ▷ **Harrods**

19:00 PM

營業時間：週二到週六 12:00 ～ 14:15、18:00 ～ 23:00

MAP

Pétrus by Gordon Ramsay

在多數商店都關門之後就可以來到地獄廚神──Gordon Ramsay的米其林一星餐廳Pétrus用餐，盡情在倫敦最高級的地段之一享用美饌。

餐點路線是精緻的當代法式料理，使用許多新鮮的英國在地食材，季節性的套餐還能搭配紅白酒，如果行程許可，平日中午也有較划算的小套餐可以選擇喔！

02 邱園一日遊

在英國作家吳爾芙筆下的邱園，花叢的斑斕色彩灑入7月的空氣之中，走在邱園的男男女女都感到頭頂上的微風吹得更加的輕快。遠離了城市，走進人們寫給大自然的情書，體會色彩斑斕、翠綠詩意的永恆綻放。

建議可以事先準備一些野餐的點心和水果，另外小提醒，紀念品店非常好買，喜愛植物的人要小心荷包！

10:00 AM 邱園就位於邱園站（Kew Gardens Station），在**綠線（Dstrict Line）**的倒數第二站，也可以搭乘**橘線（Overground）**，甚至鐵路；但是**綠線**有岔路所以要小心，記得先看好是往里奇蒙（Richmond）方向才上車喔！

10:30 AM

營業時間：10:00 ～ 18:00

MAP

The Kew Greenhouse Cafe

就如同店名，整間店都被植物環繞以外也很像一間溫室，在陽光底下感覺好舒服！單就環境與食物來講，我覺得是很棒的地方。氛圍很英式鄉村風，有種穿越時空的感覺。櫃檯的食物櫃裡有蛋糕、麵包、通心粉和鹹派，光是看到就覺得口水快要流下來了～

坐在溫室區有點半戶外的感覺，觀光客看起來很多都是日本人，或是英國當地人。最推薦健力士黑啤燉牛肉派，每個人都讚不絕口，不僅好吃也很大份，自家製檸檬茶有點肉桂味，非常的歐式。

Kew Gardens

12:00 PM

邱園 Kew Gardens

　　喜歡植物的人來到英國旅遊絕對不能錯過，可以觀賞到不同氣候帶的植物以外，還有全世界最大的維多利亞式玻璃溫室及一年四季都不一樣的花園，甚至能一探喬治三世國王的夏宮和皇家廚房。

MAP

● 棕櫚屋 Palm House

進門不遠就可以看到棕櫚屋，這是邱園中最具代表性的一棟溫室，1844年所建造，最一開始是設計給英國探險家帶回熱帶物種，現在的研究員也繼續使用這座溫室研究植物。

棕櫚屋顧名思義就是熱帶植物溫室，因為要符合熱帶植物生長，內部很潮濕悶熱，讓人沒辦法待很久，但裡面的植物對地球環境來說極其重要。整個溫室的架構是鐵造的，帶點鏽蝕的斑駁痕跡真的很迷人，我最喜歡螺旋狀的樓梯，彷彿在裡頭不只空間交錯，時間也交錯著回到19世紀一般；不過走上樓梯又更熱了，玻璃屋頂上面積了滿滿的熱氣和水氣，大家都是走一圈就下來了。最具代表的棕櫚樹是馬達加斯加的特有種，它一生只開一次花，為了開花而耗盡養分死掉，所以又叫它「自殺的棕櫚」。

● Princess Of Wales Conservatory

這是我最喜歡的一棟溫室，它涵蓋了幾個不同氣候區以及更有趣的植物，像是仙人掌、蘭花、食肉植物等等，最有名的就是巨花魔芋（Titan arum），倫敦皇家植物園是第一個讓人工栽培的巨花魔芋開花的地方喔！

我最喜歡的是濕性熱帶植物區，完全模擬了那邊的生態系；第二喜歡的是乾性熱帶植物區，有好多仙人掌、龍舌蘭與蘆薈等等，很容易在裡面忘我地拍起照來。

● **Waterlily house**

在棕梠屋的東邊，顧名思義就是放了許多睡蓮科的植物，雖然小巧但滿滿的都是花草。雖説棕櫚屋悶熱，其實這裡才是邱園裡最熱、最潮濕的溫室，夏天的時候還會有巨大的亞馬遜雨林睡蓮喔！

● **Kitchen Garden**

喜歡做菜的我當然不能錯過 Kitchen Garden，裡面有許多水果蔬菜，根本是一個五臟俱全的菜園，忍不住幻想這座菜園是我的就好了，這裡也被票選為最能帶來靈感的菜園。

菜園裡的菜以前是供應給喬治三世，舊的菜園規模更大，有兩座酒窖、兩座櫻桃房、七座桃子房及鳳梨房，還有專養蘑菇的地方呢！

● **溫帶植物溫室 Temperate House**

溫帶植物溫室可以説是最近的亮點，因為整修過後終於又重新開放了！它是全世界最大的維多利亞式溫室，是棕櫚屋的兩倍大，收藏了美洲、紐西蘭、亞洲以及太平洋上的各種植物，而這棟建築也有收錄在英國國家遺產名錄（Grade I listed building）裡面。菜園裡的菜以前是供應給喬治三世，舊的菜園規模更大，有兩座酒窖、兩座櫻桃房、七座桃子房及鳳梨房，還有專養蘑菇的地方呢！

03 親子的西倫敦藝文之旅

09:30 AM

從倫敦地鐵**環狀線（Circle Line）**與**皮卡迪利線（Piccadilly Line）**交界的南肯辛頓站（South Kensington Station）出發。

10:00 AM

營業時間：10:00 ～ 18:00

MAP

科學博物館 Science Museum

我初來倫敦時最喜歡的博物館，它喚醒了我孩童時代對科學的好奇與探索，裡面有非常多互動式裝置，非常適合親子前來參觀，事先預約「免費票」就可以快速通關入場！

19世紀時科學博物館曾是南肯辛頓博物館（SKM）的分支，裡面有關於科學、醫學和機械的各種收藏及互動體驗裝置，例如第一位上太空的英國人的太空裝、史蒂芬‧霍金博士的辦公室等，時常提供不同的活動給小朋友，甚至不定期舉辦電競比賽，場館還設計得很像電競比賽的場所，有興趣可以看官網資訊報名。

13:30 PM

自然歷史博物館 Natural History Museum

自然歷史博物館本身建築物就是藝術品，裡面充滿各種地質科學的互動裝置、水晶礦石礦物收藏，以及小朋友最愛的恐龍化石、動物標本和海底世界。標誌性的大廳 Hintze Hall 在 2017年重新開放後，將原本 Dippy 恐龍化石換成巨大的藍鯨化石標本懸吊在大廳空中，這就是自然歷史博物館的主要入口，也是大家瘋狂拍照的地方。這隻藍鯨的名字叫做 Hope，期望喚醒人們對自然的愛與珍視讓

地球朝向永續。

　　我最喜歡Hintze Hall的天花板上絕美細緻的植物繪畫，總共有162種來自世界各地的植物，非常符合維多利亞探險時代的藝術樣貌，也完全體現19世紀建築師對博物館的想像；每一張圖都有它的意義，代表著新興和衰落的帝國、繁榮和奴隸制，以及探索已知世界邊界的探險家們。

主要入口：Cromwell Road（Hintze Hall）
次要入口：Exhibition Road（Earth Hall）
營業時間：週一到週日10:00 ～ 17:50（最後入場時間為17:30，12/24 ～ 26公休）

17:00 PM

Kynance Mews & Kendrick Mews & Reece Mews

Mews源於18世紀的馬廄與僕人居住的地方，現在則變成像是房子的後門，你會發現前排都是漂亮房子，而 Mews 都在房子後面，就像是城市中隱蔽的小花園，如同寶石閃閃發光。

Mews 很美的原因主要是被整理得很好，入口如同小拱門一般非常可愛，不過也因為是在小巷內因此很容易被忽略；提醒大家這些可愛的房子還有人居住，不管拍照還是路過都不要打擾到住戶喔！

MAP

18:00 PM

MAP

Daquise

Daquise 於1947年正式開業，是在倫敦歷史最悠久的波蘭餐廳，古典明亮的寬敞空間、溫暖的燈光，有種東歐家庭的既視感，而且價格在南肯辛頓相對樸實，食物份量也很剛好。

必點的當然是甜菜根冷湯和波蘭餃子，建議菜單上的口味可以各點一兩顆來嚐鮮，記得我第一次吃到肉的口味時，覺得根本是台灣餃子與義大利餃子的混血兒！

營業時間： 12:00 ～ 15:30、17:00 ～ 23:00（每週一公休）

皇家肯辛頓的悠閒散策

每次來到倫敦肯辛頓花園就想躺下來看天空,一大片花園綠意,肯辛頓宮旁邊有免費的蛇型藝廊時常提供現代的藝術展覽,再來上一場皇家阿爾伯特音樂廳導覽;旁邊的海德公園更是可愛,常常看到小朋友與天鵝玩耍,廣大的綠地不論是散步還是野餐都能感受到倫敦的維多利亞風情。

10:00 AM 從倫敦地鐵 **中央線(Central Line)** 的大理石拱門站(Marble Arch Station)出發。

10:15 AM

海德公園 Hyde Park

古老且充滿生命力的公園，是倫敦四大御園之一，長久以來一直是私人土地，曾經為皇家狩獵場，也是18世紀著名的決鬥場地，因其知名的演說者之角，成為抗議遊行等多元發聲的地方，不僅舉辦過世界博覽會，也有許多知名樂團在此辦過演唱會，更是每年冬天Winter Wonderland的舉辦地點。

MAP

園內有許多紀念碑，例如黛安娜王妃的紀念噴泉；蛇型池塘中有非常多的天鵝，池塘的水與路面幾乎等高，呈現非常美妙的開放式景象，天然的把海德公園與肯辛頓花園隔開。池塘畔邊還有一間咖啡廳可以享用早午餐。

著名的皇家歷史道路Rotten Row連接了東邊的綠園及西邊的肯辛頓宮，可以沿著這條路走到肯辛頓花園，沿途會經過蛇型藝廊，欣賞有點類似但不太一樣的美景！

12:00 PM

營業時間：週二到週日
10:00～18:00

蛇型藝廊 Serpentine Gallery

蛇型藝廊時常舉辦當代藝術展覽，也是許多實驗性建築的實驗舞台。藝廊外面每年會有不同的建築師或是藝術家設計出不同的戶外展亭，融入藝術家的藝術性及世界觀與來參觀的人對話。

MAP

每年夏天的戶外展亭都會被砍掉重練，因此每次前來都能感受到不同的生命力與藝術力，推薦大家經過一定要來晃晃，很期待今年會蓋出什麼！

13:00 PM

MAP

肯辛頓花園 Kensington Gardens

　　是個充滿愛、紀念性及童話魔法的花園,我很喜歡來這邊攝影,總是令我覺得很不真實;或許 J.M. Barrie 在這裡得到彼得潘的靈感不是意外,而是彼得潘這個長不大的小男孩真的住在這裡!

　　有很多藝術家的雕塑,像是維多利亞女王指派的義大利花園,與她摯愛的阿爾伯特親王紀念碑,當然還有一座充滿黛安娜王妃傳奇的宮殿——肯辛頓宮,是倫敦市中心最美的御園。

13:30 PM　肯辛頓宮 Kensington Palace

　　從 17 世紀開始,肯辛頓宮一直是許多英國皇室成員的居所,現在則是威廉王子與凱特王妃的官方居所,目前尚有許多王室成員仍在此居住與辦公,因此我們可以參觀的部分都是歷史性的區域。據說維多利亞女王在這裡出生長大,而黛安娜王妃也在這有屬於自己的公寓呢!

參觀的房間設計幾乎是從17世紀以後就沒有被改變過，可以因此了解17、18世紀英國皇室生活，英國皇室迷絕對不能錯過。當日門票幾乎買不到，請一定要提早購買喔！

營業時間：週三到週日 10:00 ～ 16:00

MAP

16:00 PM 皇家阿爾伯特音樂廳
Royal Albert Hall

皇家阿爾伯特音樂廳的源起其實算是阿爾伯特親王的遺願，他在博覽會成功落幕後一直很想要組織一個具有公共利益價值的場所。自落成以來，維多利亞女王向大眾開放之後便有各種不同的表演、演講在此誕生，愛因斯坦、邱吉爾都曾站上這裡的舞台。

內部有非常多建築工藝、歷史意義的看點可以欣賞，像是有木星之聲美稱的管風琴；這座音樂廳實在太具有藝術性，非常推薦大家來倫敦一定要預約導覽，它有超多不同導覽，有含下午茶或是探索後臺的方案等等，也歡迎大家在裡面看一場表演喔！

MAP

英國藝術殿堂與 皇家歷史導覽

09:30 AM

從倫敦地鐵**皮卡迪利線（Piccadilly Line）**、朱比利線（Jubilee Line）及維多利亞線（Victoria Line）交會的綠園站（Green Park Station）出發。

10:00 AM

聖詹姆斯公園 St James's Park

聖詹姆士公園是倫敦歷史最悠久的御苑，最值得一看的小動物就是可愛的鵜鶘，第一隻鵜鶘是1664年由俄羅斯所贈送的外交禮物，至今已經有超過40隻鵜鶘把這裡當成家。

裡面有個小湖，可以準備早餐在湖畔旁野餐，感覺滿浪漫的；夏季有鮮豔奪人的花朵，春天還可以賞櫻花，是在倫敦賞花的最佳去處呢！

MAP

10:45 AM 聖詹姆士宮 St James's Palace

與白金漢宮皆為衛兵交接的起迄點，不管何時這些皇家景點都人滿為患，因此我比較推薦在聖詹姆士宮觀看，衛兵交接時間會在每週一、三、五、日的早上11:00，大概10:30他們就會在廣場列隊準備出發。

MAP

順帶一提，聖詹姆士宮目前為皇家辦公室之一，除非預約貴桑桑的導覽，不然沒辦法進入參觀；值得一提的是，外觀的紅磚幾乎還是當初16世紀亨利七世建造時原來的磚頭呢！

11:30 AM

西敏寺 Westminster Abbey

營業時間：週一到週五 09:30 ～ 15:30 ／週六 09:00 ～ 15:00（週日只為信眾開放）

　　西敏寺不但擁有千年歷史，還是凱特王妃與威廉王子結婚的地方，從1066年到現在舉辦了16場皇家婚禮，並有30位國王安葬在這裡，超過3000位英國偉人在此長眠，還是一座世界文化遺產，對於英國皇家歷史有興趣的人千萬不能錯過。

　　不過要參觀西敏寺最好查一下當天有沒有開放，畢竟它是一座很忙碌於服務大眾的教堂喔！

MAP

13:30 PM　大笨鐘 Big Ben

MAP

　　大概是最多人知道的倫敦代表性地標，但你知道嗎？它的本名其實叫做伊莉莎白塔（Elizabeth Tower），有21輛倫敦公車堆疊在一起的高度，而且要攀爬334階階梯才可到達懸掛著大笨鐘的鐘樓。

　　進入大笨鐘內部要提前預約且只能跟著導覽，不過因為票價高之外還一票難求，所以多數人只會在西敏橋上與大笨鐘合照。

14:00 AM

西敏大教堂 Westminster Cathedral

這是一座19世紀的偉大建築，建造的期間也是英國社會與藝術有重大革新的時期，以獨特的拜占庭基督教建築風格來詮釋羅馬早期的基督教大教堂。紅白相間的波特蘭磚在西敏區滿滿的維多利亞式建築中相當顯眼，卻也意外融入。

參觀教堂時除了藝術細節、馬賽克磚之外，還可以搭乘電梯上升至塔樓觀景廊欣賞倫敦全景，教堂中的藝廊則收藏了許多宗教珍寶。參觀是免費的，走過就能順道入內，點根蠟燭捐點香油錢喔！

MAP

營業時間：週一到週五 09:00～16:30（中午休息13:00～13:20）／週六、日 10:00～13:00

14:30 PM 白金漢宮 Buckingham Palace

每年只有7月到9月的夏季時間每天開放進入白金漢宮參觀，其他時間都需要預約特定時段的導覽，因此在規劃行程時要多注意一下

參觀時間建議預留兩個半小時，最大看點就是宮殿的房間，鄰近白金漢宮的皇室景點還有皇家馬廄（The Royal Mews）及女王藝廊（The Queen's Gallery），但都要另外購票入場。

MAP

18:00 PM 牧羊人市場 Shepherd Market

MAP

這個迷人的廣場坐落在倫敦富裕的梅菲爾街區，由建築師 Edward Shepherd 在 18 世紀設計。多年來它一直是購物天堂、娛樂中心，也是當地人的小綠洲。

過去在可愛的鵝卵石街道上充斥著喧鬧的市集，20 世紀還聚集了臭名昭彰的妓院，使這裡成為波西米亞區域，以及許多藝術家與作家的靈感來源；如今已變成獨立餐廳與商店的聚集地，不管是英式酒館、黎巴嫩餐廳、法式料理、早午餐都能在這找到！

06 肯辛頓社區文青探訪遊記

倫敦肯辛頓與雀兒喜區域的高級住宅區，除了氣氛悠閒、建築美觀之外，旁邊緊鄰超好看的倫敦設計博物館及萊頓屋博物館，因此那一帶被稱之為 The Holland Park Circle，維多利亞時期夙負盛名的藝術家們都住在那兒，很值得大家去走走，附近也有許多超美小巷弄值得探訪！

09:30 AM 從倫敦地鐵**皮卡迪利線（Piccadilly Line）**及**環狀線（Circle Line）**交會的伯爵宮站（Earl's Court Station）出發。

10:00 AM

萊頓屋博物館 Leighton House

萊頓屋博物館是英國維多利亞時期夙負盛名的藝術家 Frederic,Lord Leighton 生前的住所，一生奇幻富有神祕色彩的他也是英國第一位被封爵的藝術家。

走進博物館就像是跟著萊頓一起旅行，每一處異國風情都是依照萊頓每次旅行的記憶所悉心打造，房子裡的每一顆石頭都備受萊頓呵護，也是他對於藝術的樂趣。第一次動工將南面打造成萊頓剛從羅馬回來獲得的靈感，當他從土耳其、敘利亞及西西里島回到倫敦後又進行擴建，展示了每個人都印象深刻的阿拉伯大廳。

萊頓去世之後，房子的收藏被佳士得拍賣賣出，後來才慢慢地將萊頓的作品及原有的收藏買回，建築內部也經過修復，我們才有今天這座奇妙的博物館可以參觀。

MAP

營業時間：10:00 ～ 17:30
（每週二公休）

12:30 PM 設計博物館 The Design Museum

設計博物館早在1989年就存在，當時也是人們對於設計與美學，甚至未來蓬勃新思維的時期，但是一直到2016年，設計博物館才遷址到現在的肯辛頓地區。

Sir Terence Conran是設計博物館的幕後推手，三十幾年來都在推廣各種不同面向的現代設計，而他同時也是一名設計師。設計博物館一開始是由Conran基金會所出資的V&A museum獨立專案，經過好多不同的專案才有了今天獨立出來的設計博物館。

設計博物館的常設展是免費的，每次還有不同的小型主題特展，不僅貼近生活也很容易產生共鳴。內部的樓梯設計成可以坐在上面休息，整個場館很有穿透感，在場的每個人都像是展覽品一般，感受非常有趣。因為是口字型的迴廊，免費特展通常會在2樓展示一整圈，3樓才是免費常設展，講述使用者、設計者與製造者的關心以及什麼是設計的論點。

MAP

營業時間：週日到週四10:00～18:00／週五、六10:00～21:00

營業時間：10:00～17:30（每週二公休）

15:00 PM

MAP

Sambourne House

Sambourne House是我所看過倫敦最美的故居博物館，是一名插畫家在維多利亞時代的故居，可以一窺當時的生活樣貌。看完萊頓屋博物館之後再來看Sambourne House會有完全不同的感受，而且兩者一併買套票更划算。雖然都是在Holland Park Circle的維多利亞時代藝術家，Sambourne House家裡的東西卻被其後代完好保存，因此更具有真實的生活氣息，彷彿時間不曾來過。

1880年左右新藝術美學風格達到了頂峰，受日本木刻版畫、中世紀藝術和建築的啟發，當時美學設計包括了風格化的自然圖案，綠色、棕色和藍色等柔和的大地色，以及整體和諧、簡約的家具風格；因此在Sambourne House內最大的看點，就是家族所收藏的家具、陶瓷及珍貴的威廉莫里斯壁紙。

18:00 PM 荷蘭公園 Holland Park

MAP

　　荷蘭公園原本是17世紀貴族的豪宅庭園，曾經接待過多位賓客共同討論藝術文學，成為了上流社會的沙龍聚會場所，拜榮、狄更斯及伊莉莎白女王都曾是座上賓；不過經過二戰的嚴重摧毀後，只有部分側翼的建築留下，成為現在所看見的荷蘭公園。

　　荷蘭公園中最有名的餐廳 Belvedere 建於17世紀，原本為馬廄，據說與柯芬園的設計師是同一個人；轉手了非常多次後，在19世紀被當時的擁有者荷蘭伯爵三世以及妻子伊莉莎白改建成舞廳，也幸運地成為二戰時倖存的建築之一。

　　公園裡最熱鬧的就是露天劇場，每年夏天人們都會來欣賞表演並享受假日，原本是 Holland House 的一部份，也是　因為二戰被摧毀得只剩下小部分，是標準的詹姆斯時期17世紀所流行的貴族建築。裡面還有個非常有名的京都花園（Kyoto Garden），1991年開幕，因應 Japan Festival 為京都送給倫敦的禮物，表明英日友好關係，由日本設計師操刀，非常有日式庭園的風情，讓人感覺從倫敦一秒移動到京都；京都庭園旁邊還有一個小小的在2012年落成的福島庭園，是為了紀念與感謝福島核災時英國對於日本的援助。

MAP

19:30 PM The Churchill Arms, Kensington

　　英國知名的啤酒釀酒廠，也是飯店品牌 Fuller's 旗下的英式小酒館，不過供應的居然是非常道地的泰式料理。泰式料理搭配 Fuller's 自家的啤酒，實在讓人滿足！

　　最大的看點是外部裝潢的花團錦簇，一年四季使用不同的花材，也因此成為倫敦知名的拍照打卡景點。

07 追著鹿墜入里奇蒙小鎮 在裏頭迷失

Old Palace Lane ▷ Terrace Gardens ▷ Richmond Park

倫敦的里奇蒙就好比台北的天母,是倫敦的富人區,而且自成一國,就像是遠離了市區來到英國鄉村。最有名的就是倫敦四大御苑之一的里奇蒙公園,原為皇家狩獵場的它,至今裡頭還住著600多隻野鹿。

Paved Court

對里奇蒙小鎮印象最深刻、如明信片般的小巷風景就在這裡,三條最著名的小巷 Paved Court、Golden Court 與 Brewer's Lane,巷子裡多數建築都列在英國的二級保護古蹟,且多為19世紀末所建,有點歪歪斜斜、小巧可愛的樣貌令我忍不住多停留一

MAP

下，彷彿走在童話般的巷弄之中。兩旁有很多獨立商店，看看晃晃也很好玩，順帶一提，旁邊有一棟白色的Pub，在影集《Ted Lasso》裡是主要的拍攝場景之一，足球迷也可以來朝聖一下！

舊宮巷
Old Palace Lane

MAP

舊宮巷從 Richmond Green 向西延伸至泰晤士河，它得名於歷史悠久的里奇蒙宮，建於亨利七世統治時期。女王伊麗莎白一世非常喜歡里奇蒙，最後選擇在里奇蒙宮安詳離世，之後於1650年代被拆除，這條巷子因此而得名。

現在留下來的一些當時的建築及一級保護古蹟都是私人財產，沒辦法拍很多照片，但是街道又美又乾淨，絕對是散步到河岸很好的選擇。

泰晤士河畔散步
Richmond Riverside

MAP

在里奇蒙河段的泰晤士河畔就像夢境般，彷彿完全逃離倫敦都市，就像來到幾小時之外的鄉村，沒想到我們實際上還是在倫敦。

河岸碼頭可以划船，也有遊船可以回到倫敦市中心，周邊很多咖啡館和餐廳，隨時都可以停下來慢慢享受這一切。

露台花園
Terrace Gardens

MAP

　　被我最喜歡的英國畫家J.M.W.Turner喻為無與倫比的美麗，就是這片從里奇蒙山丘望過去的泰晤士河美景，是英格蘭唯一受1902年議會法案保護的景觀，從露台花園上方的露台步道就可以欣賞到如詩如畫的全景喔！

注意事項　　請與鹿保持至少50公尺的距離，切勿觸摸、餵食或試圖近距離拍攝，尤其是在發情（9月至11月）和分娩季節（5月至7月）。

當遊客非法餵鹿時，等同教導這些野生而強大的動物接近人類尋找食物，這很危險！請不要在鹿附近野餐或進食。

在發情季節，雄鹿看到人類可能會咆哮、吠叫並使用鹿角撞擊，試圖擊退競爭對手吸引潛在配偶，因此當人們太靠近可能會干擾自然的進程給動物帶來壓力。最後，如果鹿主動接近你，也請不要向牠揮手或大喊大叫，請慢慢後退離開。

里奇蒙公園
Richmond Park

MAP

　　里奇蒙公園是倫敦最大的自然保護區，歷史可以追溯到1625年，當時查理一世為了躲避席捲倫敦的瘟疫，將宮廷帶到附近的里奇蒙宮，把這片土地變成了一個狩獵公園，裡面到處都是大鹿和小鹿，直到現在這些鹿還是以野生放養的方式生活在這個公園。

　　除了小鹿之外，公園裡有兩座非常夢幻的花園，Isabella Plantation佔地40英畝，建於1830年代，並於1953年首次向公眾開放，現在以從日本引進的杜鵑花而聞名，這些杜鵑花在4月下旬和5月初達到花期，如果是在這期間到里奇蒙公園千萬不要錯過；Pembroke Lodge則是一座受保護的喬治亞風格宅邸，它位於里奇蒙公園的最高點，可以看到西邊泰晤士河的壯麗景色！

Chapter 5
北倫敦

北倫敦就像一幅撞色的拼貼畫，由風格迥異的社區串連而成，形成了多層次的氛圍。在漢普斯特可以感受到一種奢華的寧靜，這裡的綠地是欣賞倫敦天際線的絕佳場所；一轉身來到肯頓，則像是踏入了前衛龐克次文化的世界，充斥著不拘一格的創意。

隨著向城市中心靠近，雄偉的火車站轟立在眼前，周圍是蜿蜒穿過城市的運河和忙碌的商業辦公大樓，展現出另一種繁忙的節奏。而到了安吉爾（Angel）又變成了一個迷人而精緻的社區，彷彿所有的喧囂都瞬間消失，取而代之的是優雅的街道和獨特的小店。

北倫敦的每個角落都帶有自己的個性與風格，彷彿能夠在同一片城市中不斷看見不同的故事與文化。

01 浪漫荒野與維多利亞式生活

英國詩人濟慈說：「I think the reason I have not written to you so often lately is that I have been wandering about London.（我想我最近之所以為什麼一直沒有寫信給你，是因為我在倫敦一直閒晃。）」

這一帶是濟慈曾經落腳一年半的地方，有著迷人的可愛社區及街道，難怪讓他迷失在此，閒逛到忘記寫信！

09:00 AM 從倫敦地鐵**北線（Northern）**的漢普斯特德站（Hampstead Station）出發。

09:15 AM

MAP

Elm Row

　　從漢普斯特德站出來之後沿著上坡走，旁邊有一條非常不起眼的小巷子叫做Streatley Place，走進去穿過一些靜僻的小巷子，非常適合喜歡探險的你，不過這邊都是住宅區，請不要打擾到居民喔！

　　往上走穿過階梯跟上坡，就會來到很有名的一條巷子Elm Row，純粹覺得很可愛，所以希望大家不要忘記經過，這裡的每條巷子都很美，而且平日非常安靜，很適合一個人靜幽幽地欣賞散步。

09:30 AM

Hampstead Heath

　　常常被錯過的倫敦好去處，坐落在富人社區旁邊，是倫敦最古老的一座公園，也是欣賞倫敦天際線的一個好地方。

　　曾經是亨利八世的狩獵場，據說這片廣大的公園也是《納尼亞傳奇》的靈感來源之一。如今是倫敦人週末慢跑、散步、發呆的地方，到了夏天可以看到許多人慵懶的躺在池塘旁邊曬太陽以及玩水；當然廣大的荒野也有簡單的餐點販售亭，但我總會自己準備些食物，快樂野餐最實在！

MAP

10:00 AM

The Hill Garden and Pergola

The Hill 原來是一棟 19 世紀早期的別墅，在 1904 年被 Viscount Leverhulme 子爵收購進行了重建與擴建，用來浮誇的開趴、舉辦夏季派對等等，而且他聘請的建築師來頭不小，是當時英國非常知名的園林設計師 Thomas Mawson。不過在子爵去世之後，花園露臺漸漸地衰落，轉手給 Baron Inverforth 男爵後又被轉贈與一家醫院，直到 1960 年代倫敦政府買下部分土地進行重建修復工程，我們今天才能在這裡散步，享受悠閒、拍美照！

喬治亞式花棚與露臺在每個季節都有不一樣的美景，就像是荒野中的廢墟一般如夢似幻，值得一提的是，靠賣肥皂致富的 Viscount Leverhulme 子爵，這位傳奇人物與他的兄弟一起創立了肥皂帝國 Lever Brothers，Viscount 去世後同一年與一間荷蘭公司合併，也就是今天的「聯合利華」。

12:00 PM Parliament Hill Viewpoint

MAP

海平面 98 公尺高的 Parliament Hill Viewpoint 是倫敦這座城市的制高點之一，可以清楚的眺望聖保羅大教堂（St Paul's Cathedral）、西敏宮（The Palace of Westminster）、碎片塔（The Shard）等等，因為觀光客非常少，因此也是絕佳的拍照攝影地點，深呼吸彷彿能把倫敦所有美好氣息一口裝進懷裡！

13:00 PM

營業時間：週三到週日
11:00～13:00、14:00～17:00

濟慈故居 Keats House

　　濟慈是英國浪漫派詩人，他所有詩詞都在去世後才出版爆紅，這裡是他生前最後幾年居住的地方，如今改建成博物館，讓人們緬懷這位英國最重要的詩人之一，也讓喜愛住宅博物館的我一窺在19世紀末英國詩人的生活面貌。

MAP

　　博物館作為倫敦生活與文化的慈善機構，時常舉辦與浪漫派詩人相關主題的展覽，如果喜愛英國文學不妨來走一遭！

15:00 PM

MAP

Isokon Flats

　　雖然不是一般觀光客會來的地方，但經過絕對不能不提這座英國非常具有傳奇性及歷史意義的現代主義公寓，過去的居民也都大有來頭，例如包浩斯的創始人和我非常愛的《東方快車謀殺案》作者阿嘉莎·克里斯汀。展覽圍繞著過去的居民以及歷史，不僅畫廊免費參觀，觀光客還很少呢！

營業時間：3月到10月的
週六、日11:00～16:00

16:30 PM

貝爾塞斯公園站 Belsize Park Station

　　無論是累了還是餓了，沿著主要道路往地鐵站的方向走都有非常多咖啡廳與餐廳，這一帶的街道寬敞，雖然馬路大條，但人行道走起來也非常舒適喔！

MAP

02 福爾摩斯與披頭四的
朝聖之旅

08:45 AM 從倫敦地鐵環狀線（Circle Line）、漢默
史密斯及城市線（Hammersmith & City
Line）交會的尤斯頓廣場站（Euston
Square Station）出發。

09:00 AM

Speedy's Sandwich Bar&Cafe

　　新世紀福爾摩斯迷一定要朝聖的早午餐店，就是在《新世紀福爾摩斯》影集中福爾摩斯家樓下的早餐店喔！裡面裝潢幾乎一模一樣，現在影集熱度已過，觀光客不再，因此恢復成原來溫馨可愛的社區早午餐店。

　　餐點的價位可愛，我都點鮪魚三明治或是英式早午餐，坐在帶點英式復古感的裝潢來享用家庭料理，回想起影集裡的場景，感覺墜入了真實與非真實的世界之中。

營業時間：06:30 ～ 15:30
（每週日公休）

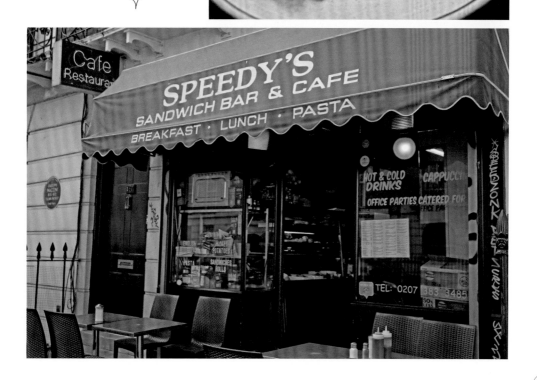

營業時間：週一到週六 09:00～19:30／週日 11:00～18:00

11:00 AM Daunt Books Marylebone

　　號稱倫敦最美的書店，擁有長長的實木書櫃以及玻璃天井、彩繪玻璃，成立於1990年。保留了當時流行的愛德華式建築樣貌，帶點維多利亞晚期的浪漫但少些華麗，如果你是愛書人一定會愛上這裡，它還是一間旅遊書的專賣店。

　　此外，前往 Daunt Books Marylebone 途中會經過有著非常可愛牆面的 Warren Mews，可以在外部欣賞後再前往書店喔！

MAP

13:00 PM

福爾摩斯紀念館 The Sherlock Holmes Museum

　　沿著 Baker St 走回 Marylebone Road，可以看見對面馬路旁有座夏洛克・福爾摩斯的紀念雕像，再繼續往前走就是福爾摩斯紀念館了。

　　貝克街221b號，世界上最有名的地址之一，是柯南・道爾在《福爾摩斯探案》中虛構，福爾摩斯和他的助手華生醫生在1881年至1904年間居住的地方。

營業時間：09:30～18:00

　　據說小說出版的時候貝克街的門牌號碼根本不到100號，是後來才有地址，然後搖身一變成福爾摩斯博物館，展出了福爾摩斯小說中的維多利亞式住家，體現小說中對維多利亞時代生活的細膩描繪，就像書中的文字活生生地出現在自己眼前。

MAP

15:30 PM

攝政公園 The Regent's Park

攝政公園為倫敦相當重要的皇家公園之一，原本為亨利八世的狩獵場，在1800年設計成為現在公園的樣子，當時圍繞著富裕的社區且只開放給居住在此的居民。

攝政公園之所以重要，是因為它還擁有世界上第一個科學動物園，也就是現在的倫敦動物園，以及最古老的戶外劇院。散步、野餐或是在湖邊喝杯咖啡，都是很棒的選擇！

MAP

營業時間：
05:00 ～ 16:30

17:00 PM

The Beatles crosswalk

從 Charlbert St 的出入口離開公園，可以走到最負盛名的披頭四的錄音室以及那條著名的斑馬線。

沒錯！就是艾比路（Abbey Road）披頭四樂迷的朝聖之路，旁邊就是知名的艾比路錄音室。除了披頭四之外，許多大有來頭的歌手都曾在此製作音樂，錄音室本身不開放參觀，但旁邊有咖啡廳以及紀念品販售部，而且官網上有艾比路上的監視錄影機，你可以看見自己過馬路拍照的樣子喔！

MAP

紀念品店營業時間：週一到週六 09:00 ～ 17:30 ／週日 10:00 ～ 17:00

03 從肯頓市場搭船到小威尼斯

從肯頓市場搭船到小威尼斯吧！學會倫敦人愜意的生活方式就能熱愛生活，也能了解為什麼詩人羅伯特‧白朗寧說：「The best is yet to be, the last of life, for which the first was made.（我們為了生命中還未發生的美好的到來而生！）」

倫敦除了走路跟搭地鐵還能怎麼玩？其實倫敦的水路也很發達，除了泰晤士河上有 Uber boat 之外，攝政運河也提供各種導覽及往返小威尼斯與肯頓市集的觀光船。沿途風景非常漂亮，還會穿越攝政公園及倫敦動物園，周邊有豐富的景致與活動，探索倫敦的文學、藝術與次文化一次滿足！

08:30 AM

MAP

查爾克農場站 Chalk Farm Station

　　從倫敦地鐵**北線（Northern Line）**的查爾克農場站（Chalk Farm Station）出發。走進倫敦最美街道之一的Regent's Park Rd，橫跨櫻草花山的Regent's Park Rd充滿著英國鄉村色彩，是倫敦的高級住宅區之一，居民大多是政商名流，因居住過幾位文學家而更加迷人！

09:00 AM

MAP

Greenberry Café

　　倫敦最棒的早午餐之一，就算住不起高級住宅區也能享受親切的服務生及優秀的餐點，最受歡迎的餐點是華夫鬆餅佐楓糖培根，配上水波蛋與酪梨醬，大部分的食材都是有機嚴選，還有提供葡萄酒，是自然酒喔！

營業時間：週二到週六 09:00～22:00／週日到週一09:00～15:00

10:30 AM Chalcot Square

倫敦有幾個非常有名的彩色建築街道，Chalcot Square 就是其中之一，繽紛的彩色建築以ㄇ字型圍繞小小的社區公園，很難不讓人多看一眼；附近還有兩位英國著名詩人的藍色紀念牌，讓我們與歷史交會。

MAP

● Blue Plaque: Sylvia Plath ｜ W.B.Yeats

希薇亞·普拉斯是美國出生的天才詩人，後來嫁給同是桂冠詩人及兒童作家的先生，曾經住在3Chalcot Square裡面，因此門外設有一個藍色的紀念牌，後來她帶著兩個孩子搬到憧憬以久的葉慈故居23Fitzroy Road，最後也在這裡結束自己的生命，享年30歲。

曾有人問她的子女為什麼藍色紀念牌不放在23Fitzroy Road，她的子女認為那裡是媽媽結束生命的地方，但是住在3Chalcot Square的時候她還活著。

Blue Plaque：
Sylvia Plath

Blue Plaque：
W.B.Yeats

11:00 AM

櫻草花山
Primrose Hill

在16世紀流傳著一句話:「在櫻草花山上長著甜美優雅如歌曲的花。」這個山丘上的公園是倫敦市中心最能俯瞰整個倫敦的地點,曾經是亨利七世的狩獵場,如今可以散步、野餐、吹風。

建議坐在草地上一邊欣賞這優美的景致一邊吃午餐,可以看見倫敦人是如何享受好天氣的中午,而秋天就是它最美的時候。

MAP

12:00 PM

Regent's Canal

走下櫻草花山,沿著 Prince Albert Rd 走,就可以在 St Mark's Church 對面看見往攝政運河的路邊小徑。

走在運河畔,最魔幻的便是穿越橋底,從蜿蜒窄小的運河不斷往東邊走,大約 10 ～ 15 分鐘便會豁然開朗,你會發現已經來到了 Camden Lock,途中經過非常多的小船與船屋,那是很奇妙的體驗!

MAP

12:30 PM

肯頓市集 Camden Market

相信你就算沒去過英國也聽說過肯頓鎮肯頓市集，1974年開業以來，從小小的16個攤位搖身變為倫敦最大的市集，擁有超過1000個攤位及店家，從1970年代開始便是倫敦次文化、音樂及流行中心，也是當時許多重要且影響整個音樂產業的搖滾龐克樂團發跡地，例如The Clash、The Sex Pistols、Blondie。

肯頓市集的主要區域是兩個在運河北方的市集，由Camden Lock Market及Camden Stable Market組合而成，另外還有Hawley Wharf，它是一個室內市集和美食市場，在運河南方還有繽紛可愛的貨櫃市集Buck Street Market。

營業時間：
10:00開始（週五、六中午過後～18:00的攤位較完整）

MAP

如果肚子餓了，運河旁一個個貨櫃市集都是異國街頭美食，多到令人眼花撩亂，想要邊走邊吃，建議選個看起來順眼的希臘捲餅攤位，就能出發去逛市集。除了琳瑯滿目的紀念品店之外，許多倫敦的獨立設計品牌最一開始也會在市集擺攤起家，Camden Stable Market經常出現許多古董攤位及古董傢俱，怎麼看都覺得好新奇！

雖說肯頓市集在1970年代才開始發跡，但在19世紀時，這個運河樞紐已經成為進出口琴酒的一個航道，從前在這一帶有非常多間蒸餾場，旁邊的圓屋劇場（Roundhouse）也曾是儲藏琴酒的倉庫，在Camden Lock Market中間的Dingwalls建築，在1970年代就是傳奇樂團所表演的場地，記得一定要好好端詳。

MAP

16:15 PM

London Waterbus Company-Little Venice

結束肯頓市集之後可以準備搭船到小威尼斯了！曾有人形容攝政運河的水上巴士是「倫敦最恬靜的巴士路線」，航程45分鐘，現場有英文導覽員，可以體驗搭船穿過倫敦動物園在隧道中回聲作響，品嚐如詩如畫的倫敦水路風光，看見宏偉的豪宅和經典現代別墅、廣闊景觀花園，與工業建築、發電站和歷史建築形成鮮明對比，深入了解構成倫敦這個地區的獨特組合與樣貌。

17:00 PM

Little Venice

　　坐落於 Maida Vale 的城市綠洲,恬靜優雅,不枉費詩人羅伯特・白朗寧幫他取了「小威尼斯」這個稱號。在妻子去世之後,白朗寧從義大利搬回了倫敦,在小威尼斯度過了他的餘生,因此有個可愛的池塘 Browning's Pool 用他命名以茲紀念。

MAP

　　數十艘窄船、一日遊船和水上咖啡館排列在聯合運河與攝政運河交匯處,以小威尼斯的豪宅作為令人驚呼的背景,三角形的水池和柳樹相得益彰,兩岸全是水邊咖啡館、水上巴士、水上藝廊和水上飯店船的停泊之處。

17:15 PM

林布蘭花園 Rembrandt Gardens

MAP

　　浪漫的名稱襯托滿滿的鬱金香,非常適合在陽光明媚的日子野餐或是發呆,在西敏市和阿姆斯特丹市結為姊妹城市時,原名華威公園(Warwick Gardens)被改名為林布蘭花園,也算是一種共襄盛舉吧!

● London Shell Co.

　　這是一間家族經營的海鮮餐廳，停泊在美麗的小威尼斯成就最美味及新鮮的海鮮料理。在船上吃著每日16:00～18:00歡樂時光的生蠔，一顆£2，搭上每杯折價£2的調酒，還有什麼比這個更適合開始你的夜晚呢？

　　晚餐菜單從17:30開始，餐廳很熱門，記得要提前預約喔！

營業時間：週二到週六
12:00～21:30

MAP

19:30 PM

Puppet Theatre Barge

　　吃飽喝足之後看一場表演吧！停泊在水上的船上劇院真的有夠酷，外觀紅黃的鮮豔色彩還以為是水上馬戲團；下午有闔家歡樂的木偶戲，晚上還有現場演出的音樂表演，與過往在一般劇院或是酒吧裡有更與眾不同的體驗，在船上稍稍感到一些晃動感，搭配著音樂表演著實浪漫。

　　記得先行上官網預約，有時候 Puppet Theatre Barge 會去里奇蒙，不會一整年每天都在小威尼斯喔！

04 哈利波特 9¾ 月台的
魔法時光

早起抵達 9¾ 月台，學會魔法你就能開始充滿神奇魅力的一天，穿梭在國王十字
車站周邊的景點與市集、運河小徑，遇上驚喜與美麗的意外，慢慢散步到安吉爾
（Angel）不可思議的古董市場。

08:30 AM

營業時間：
08:00 ～ 22:00

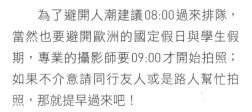

MAP

國王十字車站 King's Cross Railway Station——哈利波特 9¾ 月台

為了避開人潮建議08:00過來排隊，當然也要避開歐洲的國定假日與學生假期，專業的攝影師要09:00才開始拍照；如果不介意請同行友人或是路人幫忙拍照，那就提早過來吧！

如果你是哈利波特迷，不想排隊又要專業攝影，旁邊的哈利波特商店可以花£20購買快速通關，也不要忘了順便進去逛逛喔！

● Kings Cross

Euston Road 曾經有喬治四世的雕像，雕像移除之後蓋了車站，「國王」的名稱也留了下來。據說這個地方曾經是英國古代女王 Boudicca 與羅馬入侵者發生戰役的地方，傳說她葬身在現在第九跟第十月台附近……等等！這個月台是不是很耳熟！因此有歷史學家就開玩笑說她是在戰役之中不小心掉進了霍格華茲。

09:30 AM

MAP

Granary Square

　　曾經是穀倉的中央聖馬丁學院前的穀倉廣場，前身是運河上卸貨的盆地，現今最令人驚豔的就是廣場上的噴泉，1000個噴泉每個都可以獨立操控，夏天變成孩子們玩水的好地方。

　　不同時節有不同的活動，像是露天電影院、露天音樂會、時裝秀等等，而旁邊都是倫敦最火紅的餐廳喔！

10:00 AM Sons + Daughters

營業時間：週一到週三 10:00 ～ 16:00 ／週四到週日 10:00 ～ 18:00

MAP

　　這是一間由東倫敦屢屢獲獎的餐廳團隊 Pidgin 所打造的豪華英式三明治店，堅持使用新鮮食材，從各式肉類到素食的選擇都有，餡料也給的很多，在風味上可以找到小亮點，例如味噌風味美乃滋等等，必點的三明治是蛋沙拉三明治，如果喜歡重口味的可以試試看辣味羊肉香腸三明治喔！

11:00 AM

MAP

中央聖馬丁學院
Central Saint Martins

想不到吧！孕育出許多知名時尚設計師的中央聖馬丁學院居然以前是一座穀倉，當時是由負責國王十字車站的建築師 Lewis Cubitt 於 1852 年設計，經過了華麗修復大變身，成為能夠激盪創意又充滿透視感的校區，還曾拿下多個建築大獎。

不管是建築迷還是時尚設計師都必須來朝聖，看看 Stella McCartney、Alexander McQueen、Singer Jarvis Cocker、Painter Lucian Freud 和 Sculptor Antony Gormley 等知名設計師的母校，部分校區及師生的作品開放免費展覽，可以先在官網上看看有什麼感興趣的作品喔！

11:30 AM

MAP

Lower Stable Street

這條可愛的鵝卵石街道是由倫敦獨立雜誌轉型的設計商店 Kiosk N1C 策畫打造，以設計為主導，匯集具有前瞻性思維的品牌，就像是為新興設計品牌量身訂製的孵化器空間。

現在還沒有很多觀光客，因此假日市集的品質非常高，可以找到許多新奇又充滿巧思的事物；這裡也不定期會舉辦展覽及主題性市集，例如手工藝市集、獨立品牌市集，甚至是快閃店等等，街道旁邊的百貨則有各式各樣年輕受歡迎的設計師品牌，以及許多逛累了就能坐下休息的美食餐廳。

13:00 PM

MAP

Queer Britain

英國第一個專注於支持 LGBTQ+ 的博物館，入館免費，有非常多有趣的展覽及工作坊，例如結合 VR 及文學書寫工作坊探討王爾德因同志行為而入獄的事件，或是板畫的藝術工作坊等等，先前還獲得「英國最佳小型博物館」的獎項，對於社會與文化有熱忱的人來說，這是體驗現代社會多元共榮最棒的博物館。

營業時間：
週三到週日
12:00 ～ 18:00

攝政運河曳船小徑
Regents Canal Towpath

MAP

倫敦人非常喜歡在運河邊騎自行車或者推嬰兒車，有船屋的人坐在船屋上烤肉曬太陽，或者一邊日光浴一邊看書，這是倫敦人享受夏天的方式。

從東倫敦可以一直走到西北邊的小威尼斯，而我們走的這段就是從Kings Cross到Muriel Street（Islington）。攝政運河完工於1820年，也一直是英國南方經濟上很重要的交通運河，即使當初建得離鐵路太近，但是連接北方運河後就能把許多木材或是建築材料、煤炭運到倫敦，持續到1948年之後才減少了商業運輸。最棒是運河的生態被保持得很棒，總是可以看見許多天鵝、鴨鴨，偶爾還有蝴蝶飛來飛去，攝政運河也是經過整治之後才有今天這副美麗舒服的樣貌。

14:00 PM

Word On The Water-
The London Bookbarge

營業時間：
12:00 ～ 19:00

MAP

你可能沒想到會在攝政運河上找到一本喜歡的書，然後坐下來閱讀，Word on the Water這艘倫敦書船正是那些讀書人的天堂。擁有100年歷史的荷蘭駁船，每個角落都整齊堆疊了書籍，有新書、舊書、經典以及兒童讀物。

店家非常歡迎大家翻閱外面展示的書籍，或跳上船在爐子旁閒適地閱讀；Word on the Water也不只是一間船屋書店，它還舉辦關於藝術、女權主義和政治的講座，每每經過都有音樂家和表演者利用駁船的屋頂舞台和太陽能音響系統進行現場演出，可以坐在前方的階梯上盡情享受這午後的美好，是這間書店最大的魅力所在。

14:30 PM

London Canal Museum

　　如果是親子遊特別推薦靠近 Kings Cross 的一座倫敦運河博物館，曾經是還沒有冰箱及製冰技術時，儲藏斯堪地那維亞運送來的冰塊的倉庫，現在成為了紀錄倫敦運河歷史的博物館，可以了解居住在運河中的家庭是如何在船屋上生活。

　　每週四、五及日都有從博物館出發的運河遊船導覽，內含博物館門票，如果想用不同角度看倫敦就是一個非常有趣的體驗呢！

> 營業時間：
> 週二到週日
> 10:00 ～ 16:30

Railway Station ▷ Kings Cross ▷ Central St. Martin ▷ Queer Britain ▷ London Canal Museum ▷ Camden Passage

16:00 PM

肯頓走廊市集
Camden Passage

　　坐落在鬧中取靜巷子裡的肯頓走廊市集，從1950年代開始就跟波多貝羅市場（Portobello）並駕齊驅，是各式古董的集散地。

　　整體由三個小市場所構成，Charlton Place Market 賣古董的帽子、桌巾，還有女生很喜歡的飾品；Pierrepont Arcade Market 販售眾多鍋碗瓢盆、杯子盤子等等，可以找到超漂亮的歐洲水晶酒杯及托盤；Camden Passage Market 則有許多古董飾品及衣服，有時會有很好看的復古洋裝，偶爾還會有超美超保暖的古董大衣。

　　尋寶本來就得靠運氣，不如來這邊試試手氣，而且攤販都可以小小殺價，讓你體驗跳蚤市場的樂趣！

> 營業時間：週三、週六 09:00 ～ 18:00（三個市集全開的時間）

17:00 PM

Brother Marcus Angel

　　Brother Marcus 是倫敦非常知名的餐廳，雖然在倫敦擁有4家分店（東西南北各一間），但最推薦的是隱身在安吉爾的這間。

　　位在鬧中取靜的 Camden Passage 巷內，會讓人以為自己身處地中海鄉村小鎮，這裡不僅有著出色的地中海中東風格料理，帶給人們餐桌上的溫馨時光，還拿過 Time Out 倫敦最好的早午餐獎項，舉凡美味的鷹嘴豆泥還是招牌早午餐都很值得一試，菜單上還有豐富的素食選項。

MAP

05 來趟華麗的波多貝羅路尋寶半日遊吧！

「Portobello Road, London's broadest, and most colorful market street.」
在電影《柏靈頓：熊愛趴趴走》中，波多貝羅路是倫敦最寬闊、最多彩的市場街道，它的多彩不僅只於建築，也來自於形形色色的人們與攤販，是一個就算週末很擠但總逛不膩的市集，甚至是許多設計師起家的地方、靈感的泉源。

建議探訪
時間：週六

11:00 AM 從倫敦地鐵**環狀線（Circle Line）、漢默史密斯及城市線（Hammersmith & City Line）**交會的西邦爾公園站（Westbourne Park Station）出發

11:15 AM

Lisboa Patisserie

　　即便只是一顆蛋塔也值得來拜訪的葡式點心店。這區有許多葡萄牙移民，親民的價格及美味道地的蛋塔能一解許多葡萄牙人的鄉愁，被認為是倫敦最好吃的蛋塔，經過就進去買來吃吧！

MAP

> **營業時間：**週二到週日
> 07:00 ～ 17:30

11:30 AM

Golborne Road Market

　　波多貝羅路市集的北邊有一條充滿樂趣的可愛街道，附近有許多葡萄牙、摩洛哥移民，因此可以找到好吃的蛋塔及摩洛哥海鮮料理；還有許多販賣二手物品的店家，不管是骨董家俬、二手雜貨、二手衣，甚至是跳蚤市場都很值得挖寶！

　　雖然比起波多貝羅路市集的繽紛，這條彩色街道也許不太起眼，但假日也是非常熱鬧，多了更貼近市民生活的景象，因此很推薦大家在週六中午之前人還沒很多、店家剛開門時先來閒晃。

MAP

> **營業時間：**大多店家在
> 11:00之後營業

12:30 PM Portobello Green Market

只有週五到週日營業的市集,週五以古董為主;週六有古著也有流行服飾,也是攤商最多的一天;週日則是以古著為主。

各式各樣的店家都有,仔細挑選可以找到寶貝,充滿活力及多元時尚的氛圍,喜愛逛街的你可以在這邊停留一個小時以上喔!

MAP

營業時間:週五、六09:00～17:00／週日10:00～16:00

13:30 PM

Acklam Village Market

只有週六限定的街頭異國小吃市集,13:30開始有現場樂團演出,中午可以來吃個午餐、喝點小酒,以最放鬆的方式聽著FUNK搖擺,學英國人Day Drinking;如果對特定音樂類型有興趣也可以參考他們的官網,都會有特別活動的訊息喔!

MAP

營業時間:11:00～19:30

14:30 PM

MAP

Lancaster Rd

　　網美最愛的街道之一，充滿維多利亞式風格的別墅，每一棟都漆上不同的鮮豔色彩，而且這條路有點斜坡狀，在沒有人潮跟車流的時候拍攝會非常壯觀，可惜週末滿滿都是人潮與車流，建議平日一大早來會最好喔！

14:45 PM

MAP

St Lukes Mews

　　Lancaster Rd 走到底接上的是 St Lukes Rd.，而 St Lukes Mew 就坐落在這中間，這裡是倫敦最美的街道之一，除了非常漂亮之外，英國聖誕電影《愛是您‧愛是我（Love Actually）》也在此取景。

　　照片上粉紅色的房子便是電影中綺拉‧奈特莉飾演的角色的家，但這些房子裡面都有住人，如果要拍照的話請注意居民隱私並尊重他們喔！

15:00 PM

波多貝羅路市集 Portobello Road Market

MAP

　　據説波多貝羅路市集是倫敦最古老的市集之一，可以追溯到19世紀，在1999年因為電影《新娘百分百》在此取景造成爆紅，成為古董迷之外的觀光客爭相來訪的地方，通常也是大家來倫敦時第一個西倫敦景點。

　　即便有點觀光化卻也保留了許多迷人的老東西，還可以挖到寶，家飾類及古董首飾特別豐富，其中古董迷必逛的就是老舊卻可愛的Arcade，裡頭有著一間間古董小店，有些甚至是有此市場以來就存在的店家，令人逛得眼花撩亂，先不説價錢但一定會心很癢想把手剁掉！

● Admiral Vernon Antiques Market

190個古董店的攤位夠你逛吧！基本上什麼都能在
這裡找到，玻璃製品、家飾、陶瓷、畫作、織品、
維多利亞時期的蕾絲等等，各種充滿歲月痕跡的收
藏與寶貝，就等你來發掘！

MAP

營業時間：
週六05:00～
16:00

● The Red Lion Antiques Arcade

營業時間：
09:30 ～ 18:00

MAP

倫敦第一間古董攤商集中的店家，當初是由Susan
Garth 所開設，感謝他的推動讓波多貝羅路市集發
光發熱。最值得一提的是，有部分攤商是最一開始
就存在的商家，除了古董寶貝之外，這個商場本身
就是一塊古董啊！

● The Ginstitute
（Portobello Gin 蒸餾所）

這是英國知名琴酒品牌Portobello Gin所誕生的地方，現在地下室作為蒸餾室及工作坊，樓上則有餐廳和客房。提供各式各樣的酒類大師課，可以製作自己的琴酒或是威士忌的體驗課程，非常有趣；不過課程都需要預約報名，有興趣的酒鬼朋友不要忘記安排行程時提早預約喔！

營業時間：週日到週五12:00～01:00／週六10:00～01:00

MAP

- -

● The Notting Hill Bookshop

電影《新娘百分百》最著名的書店靈感來源，那個藍色的門最具指標，如果看到大批的人潮排隊跟這個書店一起合照都不奇怪。

不過真正以這間書店為靈感複製的搭建場景其實是在：280Westbourne Park Rd, London W11 1EF，雖然離書店只有咫尺之遙，但書店更能吸引大批的遊客，它的前身是專賣旅遊書的書店，現在新增了許多文學書籍讓書蟲們有更多選擇。

營業時間：09:00～19:00

MAP

● **Books For Cooks**

營業時間：
09:00 ～ 19:00

熱愛烹飪的人一定會喜歡這間紅色的書店，有關於發酵、食譜、飲食文化、風味搭配的獨立書店，也是世界上第一家以飲食為主題的書店。

MAP

老闆很好聊也很熱情，書店裏面還有實驗廚房與廚藝教室，超級酷！因為老闆想把烹飪書裡所寫的東西實際應用出來而有了實驗廚房，不過廚藝教室需要預約，想體驗的朋友記得提早安排。

Golborne Road Market ▷ Portobello Green Market ▷ Acklam Village Market ▷ Portobello Road Market

諾丁丘嘉年華會 (Notting Hill Carnival)

如果你是 8 月要安排到倫敦旅遊，千萬別錯過充滿濃濃加勒比海風情的諾丁丘嘉年華會，它與巴西里約熱內盧嘉年華並列齊名，是歐洲最大的街頭狂歡節。

每年 8 月最後一個週末與週一便是諾丁丘嘉年華會，繽紛色彩的花車、穿著羽毛服飾的舞者、異國風情的鋼鼓樂隊及亞買加雷鬼音樂，每個人都身穿繽紛的服飾跟著節奏搖擺，洋溢著熱情與歡愉。

遊行會行經 Ladbroke Grove、Westbourne Grove、Westbourne Park 和 Kensal Road，建議想要參加的人可以把住宿訂在附近，這是個每年有一百萬人參加的嘉年華活動，在遊行期間地鐵一定會擠得水洩不通！

Chapter 6
中倫敦

倫敦的中心地帶充滿著無盡的活力，就像是這座城市跳動的脈搏，無論是尋找美食、娛樂，還是購物，都能滿足你的所有需求。

莊嚴的聖保羅大教堂在這片繁忙的商辦區域中聳立，市政廳底下的羅馬競技場提醒著人們，這裡曾是古羅馬人的定居點，承載著悠久的歷史；在浪漫的柯芬園，獨立小店彙集了各類輕奢名品，每家店的櫥窗都精緻得讓人忍不住多看幾眼；到了夜晚，蘇活區的熱鬧氛圍令人陶醉，各式各樣的餐廳、酒吧和劇院讓人流連忘返；牛津街與攝政街則是購物者的天堂，無論是國際知名品牌還是潮流小店，都能滿足旅人對時尚和購物的渴望。

01 柯芬園蘇活區周邊路線

柯芬園在任何時間幾乎都很忙碌,各個節慶都可以充分感受到濃濃的節日氛圍,從精品到小眾商店、各式各樣的美食,應有盡有。花個一天在附近喝咖啡、逛街、看展,最後以音樂劇結束這如夢似幻的一天吧!

08:30 AM 從倫敦地鐵**伊莉莎白線(Elizabeth Line)**、**中央線(Central Line)**與**北線(Northern)**交會的托登罕宮路站(Tottenham Court Road Station)出發。我喜歡在一大早的時候避開人群來到這一區,享受在倫敦市中心難能可貴的悠閒與愜意。

09:00 AM

營業時間：08:00 ～ 18:00
（每週日公休）

Monmouth Coffee Company

MAP

1978年Monmouth Coffee在倫敦柯芬園進行咖啡零售，小小一間，當時還是使用直火烘焙就開始了他們的咖啡旅程。每年的London coffee festival都榜上有名，成為咖啡迷必須朝聖的倫敦咖啡廳；不過最好避開中午過後的人潮，這間咖啡廳無時無刻都非常忙碌，很常需要站在外面啜飲。

疫情之後便不再提供紙杯，大家可以帶自己的保溫杯或使用他們的內用杯，甚至是以£5的押金租借他們的環保杯，再拿至任一間店面歸還退返押金。另外提醒大家，他們現在都只收信用卡不收現金囉！

09:45AM Neal's Yard

在喧囂快速流動的倫敦市中心，這個區域保留了時間靜止的美好寶石。Neal's Yard Remedies的創始人Nicholas Saunders拯救了這個原本即將被拆除的小院子，他是一名社會運動家，倡導社區生活並強調靈性。當時這裡就像是一座被老鼠侵擾的廢棄建築，柯芬園市集的倉庫與垃圾基本上都堆在此，不過Nicholas Saunders透過他的影響力成功復甦了這個社區。

除了可愛的彩色房子之外，如果從Monmouth Street走進尼爾氏庭園，會遇到一個紀念黛安娜王妃的塗鴉，我覺得實在是超可愛的！她化身為Mary Poppins守護著兩位王子，看起來非常溫馨。

MAP

10:15 AM

Seven Dials

　　名稱來自這個交錯許多三角形的街道，算是17世紀的都市更新及社區改革下的產物，它們最初是：Little and Great Earl Street（現在的Earlham Street）、Little and Great White Lyon Street（現在的Mercer Street）、Queen Street（現在的Shorts Gardens）和Little & Great St. Andrew's Street（現在的Monmouth Street）。在某些建築物上仍然可以看到一些原來的路牌，大家有興趣的話不妨可以找找看！

MAP

> **營業時間：** 週一、二11:00～22:00／週三到週六11:00～23:00／週日11:00～21:00

MAP

11:30 AM

Seven Dials Market

　　倫敦市中心的美食市集，它像是一個精心挑選過的美食街，擁有來自各國的街頭小吃，是吃貨不容許錯過的倫敦景點。雖然假日真的會很擠，但不管是熟食、小食、飲料、酒精飲品，甚至手搖飲料，吃吃喝喝應有盡有，走進來得先繞個三圈再開始處理選擇障礙。

　　在19世紀時是Thomas Neal的倉庫，存放香蕉跟小黃瓜，這也是為什麼Seven Dials Market的標誌是可愛繽紛的香蕉。一進門就是Cucumber Alley，主要的攤販為小食和甜點，有來自印度、香港、馬來西亞、台灣等地的廚師進駐，不管是餃子、包子、華夫鬆餅、薄煎餅或是珍珠奶茶等，都可以在這裡找到。

13:00 PM

營業時間：10:00 ～ 18:00

柯芬園 Covent Garden

早在13世紀就是修道院與修道院花園，也因此而得名；16世紀在查理一世國王的支持之下改造成社區；17世紀倫敦大火之後就變成了菜市場。現在看到的市場頂棚建築為19世紀所建，因此充滿維多利亞及新藝術風格，1970年代因為居民的推動讓柯芬園免於被拆除重建，經過為期5年的翻新，在1980年代重新開放，才有我們現在看見生機蓬勃的柯芬園。

柯芬園市集分布於主要市場建築的中間及兩側，外圍則是大量的輕奢品牌進駐，樓上、地下室及周邊都有非常多的餐廳和美食，總共有3個市集，包你逛到（擠到）不要不要！中央曾經是全世界最著名的蔬果交易市場，因此得名蘋果市集（Apple Market），現在成為一個觀光性比較強烈的市集。每週一是古董市集，週二到週日為手作市集，但商品種類就比較雜亂。蘋果市集周圍有許多高端品牌，美妝保養、衣服包包鞋子，還有台灣人最愛買的Whittard茶葉品牌，不過週末觀光人潮真的很多，還是建議週一來訪。

不管任何時候柯芬園總是能維持漂漂亮亮的，帶給大多數人非常棒的氛圍，即便喧鬧也會讓你覺得──啊！這就是倫敦！

MAP

15:00 PM

考陶爾德藝廊
The Courtauld Gallery

坐落在倫敦市中心薩默塞特宮（Somerset House）的考陶爾德藝廊，收藏了許多世界上偉大與知名的藝術收藏品，雖然很多人不知道這間藝廊，但其中兩幅鎮館之寶你一定聽過——馬奈的〈女神遊樂廳的吧檯〉和梵谷的〈耳朵纏著繃帶的自畫像〉。

如果你是熱愛極後印象派的人，最大的展廳滿滿的都是竇加、高更、莫內、雷諾瓦、秀拉等等，會以為自己走進了巴黎的奧賽博物館。另外還時常舉辦有趣的特展，像是「偉大藝術的贗品」：這些精細的贗品曾經也是許多收藏家引以為傲的收藏，因此在展示中也有研究與教學的作用。這裡的展覽適合任何一個熱愛藝術的人前來參觀！

營業時間：10:00 ～ 18:00

17:45 PM

營業時間：12:00 ～ 22:00

MotherMash

在倫敦專門賣馬鈴薯泥、維多利亞鹹派及有機手工香腸的餐廳，提供多種不同口味的香腸及肉醬汁，搭配超級療癒的馬鈴薯泥，是你不可以錯過的美食。整體的店面設計如同家一般溫暖，就跟所呈現的食物一樣舒適。

良好的戶外採光，店面空間不大但有戶外座位，菜單非常簡單易懂，品項只提供兩種組合，馬鈴薯泥加香腸或是馬鈴薯泥加肉派，不過光是馬鈴薯泥就有9種口味選擇，以及無奶製品的馬鈴薯泥；另外也有8種手工香腸及6種維多利亞鹹派，醬汁也有5種，還包含純素的口味，真的是人人都可以享用，有選擇障礙的人應該會直接崩潰。

MAP

19:30 PM Lyceum Theatre

看一場獅子王音樂劇吧！能夠容納2,100名觀眾的Lyceum Theatre是英國二級保護古蹟，它的歷史可以追溯到1765年，經過火災與戰爭的洗禮後多次重建與翻修，在1996年獲得真實的重生。

自1999年以來，Lyceum Theatre一直是迪士尼《獅子王》的演出場地，熱愛音樂劇的你一定要來朝聖才行，更不用說在倫敦看音樂劇的門票可比在台灣便宜啊！

MAP

● American Bar

MAP

倫敦現存歷史最悠久的雞尾酒吧，也是世界上最著名的雞尾酒吧之一，只要是調酒師一定都會知道這間酒吧。坐落在擁有130年歷史的奢華飯店The Savoy，歷史上這間酒吧還出了兩位傳奇調酒師：《The Savoy Cocktail Book》的作者Harry Craddock和Ada "Coley" Coleman，那本書也被奉為調酒師的聖經之一。

American Bar接待過許多名人，邱吉爾與海明威都曾是座上賓，它每年都在世界50大酒吧的名單之中，甚至拿過世界第一名。在柯芬園周邊的一天就用最倫敦的方式優雅的結束，好好放鬆吧！

營業時間： 週一、二16:00 ～ 00:00 ／週三到週六12:00 ～ 00:00 ／週日12:00 ～ 22:00

● Bar Termini

MAP

一間受到1950年代義大利咖啡吧所啟發的酒吧，連招牌都做得像是義大利的酒吧兼菸草行，他們不僅賣咖啡還有雞尾酒。

小小的空間最多只能容納25個人，擁有優秀的服務及美味的調酒，難怪連續3年佔據世界前50大酒吧的名次，推薦大家早點過來，不然很容易沒有位置喔！

營業時間： 週一到週四10:00 ～ 23:30 ／週五、六10:00 ～ 01:00 ／週日11:00 ～ 22:30

● Swift Soho

MAP

無法想像連鎖酒吧也能開到世界前50名，有時一間店的品管就夠困難了，這樣你就知道這間店有多厲害。招牌是一定要品嚐的愛爾蘭咖啡調酒，調酒是現代風格，沒有奇奇怪怪看不懂的材料，感覺非常舒適。

樓上是給大眾的調酒吧，地下室的酒單則更為複雜，聽說還藏有300支以上的威士忌，是倫敦威士忌愛好者很推薦的地方喔！

營業時間： 週一到週六15:00 ～ 00:00 ／週日15:00 ～ 22:30

02 最性感的博物館坐落在最性感的街區

「A life well-lived is not measured by the wealth one amasses, but by the impact one has on the lives of others.（美好的生活不是用財富的積累，而是用一個人對他人生活所帶來的影響來衡量的。）」——1st Earl of Burlington

這句話道盡了維多利亞時代一位紳士的品德，走在倫敦最豪華熱鬧的街區，探訪隱藏在喧囂中的博物館與拱廊街，原來逛街也能如此浪漫。倫敦對生活的影響，就是讓他成為美好生活的創造者。

09:45 AM 從倫敦地鐵**中央線（Central Line）**、朱比利線（Jubilee Line）及**維多利亞線（Victoria Line）**交會的龐德街站（Bond Street Station）出發。

10:00 AM

華勒斯典藏館
The Wallace Collection

　　華勒斯典藏館曾被英國衛報評論為「全歐洲最性感的收藏」。進到華倫斯典藏館有種走進童話故事中有錢的古怪男爵大宅院的感覺，每個房間精雕細琢，處處都是經典收藏，古董、盔甲、雕塑、藝術品等，其中最具代表性的就是洛可可時期的鉅作 Jean-Honoré Fragonard 所繪的〈 Les hazards heureux de l'escarpolette（鞦韆）〉，描繪洛可可時期的主僕偷情故事；另一幅是 Velazquez 的瑪格麗特公主小時候〈 The Infanta Margarita 〉。我從以前就一直很想親臨華勒斯典藏館觀看這兩幅真跡，親眼看到時真的是感動到雞皮疙瘩掉滿地，實在是太幸福了！

　　另外還有許多非常華麗浪漫的洛可可藝術收藏，有很多幅是我非常愛的洛可可宮廷畫家 François Boucher 的畫作，讓華勒斯典藏館成為我在倫敦最愛的美術館之一。

MAP

營業時間：10:00 ～ 17:00
包包大小：不超過 56×25×45cm
攝影：不能錄影和開閃光燈，以及商業用途

14:00 PM

牛津街 Oxford St

牛津街是終極購物天堂，號稱全世界最大的購物街之一，全長 1.5 公里，周圍超過 500 家餐廳，整條路上有 4 家百貨公司以及超過 90 家的旗艦店鋪，愛逛街的人走過路過絕對不會錯過啊！

● Selfridges

全世界唯一一間四度被評選為世界最佳的百貨公司，不管是實體店面與網路商店都相當有質感，實體店面時常會有不同的活動、跨界以及聯名，走進百貨公司就像走進一座時尚購物的遊樂園，無論是精挑細選的品牌、專櫃以及陳列方式，都把購物這件事情往上推了一個層次！

營業時間： 週一到週五 10:00 ～ 22:00 ／
週六 10:00 ～ 21:00 ／週日 11:30 ～ 18:00

MAP

● 迪士尼商店 Disney Store

不管你是小朋友還是有一顆赤子之心的大人,走進來都會害怕出不去,像我明明沒有很迷迪士尼,但第一次在倫敦迪士尼商店就忍不住買了3個馬克杯跟幾隻玩偶。就像是迪士尼樂園一般擁有魔法,每一樣商品都忍不住令人直呼可愛!

MAP

營業時間:週一到週六09:00 ～ 22:00 ／週日12:00 ～ 18:00

MAP

● TK Maxx

如果你去過美國可能會覺得很熟悉,沒錯!跟美國的TJ-Maxx是同一個公司,標榜以小錢買到大牌的服飾店,可能是過季商品也可能是出清商品,幸運的時候也會碰到很多當季或經典款的商品。

店內有著包羅萬象的品牌,很像在逛二手店尋寶,不同的是這裡的東西都是新品呢!如果到倫敦旅行發現衣服帶少了、盥洗用品不夠等等,都能直接來補貨。

營業時間:週一到週六09:00 ～ 21:00 ／週日12:00 ～ 18:00

● Primark

源自於愛爾蘭的品牌,可以比喻為英國的NET,從服裝至生活用品應有盡有,而且每一件商品都是「甜甜價」。

幾年前經歷了血汗工廠的風波,現在轉型成功,衣服的料子大都比以前更好,而且四分之一的產品有永續商標,不僅更時尚還與許多藝人聯名,如果衣服沒帶夠也很推薦大家可以來這裡採買。

營業時間:週一到週六08:00 ～ 22:00 ／週日11:30 ～ 18:00

MAP

Regent St

以攝政王的名字命名，於1819年建成，也是倫敦第一條購物街，不同的節慶有許多令人興奮的活動，當然最受矚目的就是每年11月亮起的聖誕彩燈。

攝政街內雲集了許多世界級旗艦店，包括Tory Burch、Burberry、Coach、Kate Spade和Marc Jacobs，鄰近的小巷則藏著許多米其林餐廳。周邊環繞著多元化且充滿活力的小街道，包括Conduit Street、Mortimer Street、Princes Street、Great Marlborough Street和Brewer Street，在巷弄之中有更多的寶藏等你發掘。

MAP

Princes Arcade

MAP

如果你喜愛品味獨到的英國品牌，一定要來這座維多利亞式的拱廊街逛逛，一系列英國的小眾奢侈品牌成列，還有英國女王伊莉莎白二世欽點的工藝巧克力名店Prestat坐落於此。

MAP

Fortnum & Mason

Fortnum & Mason已經走過了3個世紀，據說世界上第一個蘇格蘭蛋就是由他們所發明，尚未有郵政總局之前他們也做「郵差」的業務。從轉角的小商店開始，積極進口世界各地的珍奇美饌，讓他們成為當時「品味」的象徵；不僅幫助皇室尋找全世界最好喝的茶，也支援戰爭前線所需要的精力湯，直到今天成為了英國最知名的食品與生活百貨。

總店共有五層樓，每一樓層都充滿夢幻的驚喜，非常適合來購買伴手禮，也別忘了一定要來品嚐經典的英式下午茶。

Hamleys

超大間的玩具店，可以用浮誇版的玩具凡斗城來形容。店員對於玩具的介紹都很熱情，有的會跟小朋友玩、有的會變魔術，連大人都被逗樂，是個氣氛很棒的地方。如果要在倫敦挑禮物給小朋友，來這裡準沒錯啦！

MAP

營業時間：週一到週六10:00～20:00／週日12:00～18:00

伯靈頓拱廊街
Burlington Arcade

據說伯靈頓拱廊街是倫敦最早的一座上流人士的購物場所，是伯靈頓公爵為自己的愛妻所建造，希望能給她一個安全的購物場所。

建於19世紀初期，是倫敦隱藏的鑽石之一，除了享受購物的樂趣，還能沉浸在華麗的歷史氛圍之中，而最具有歷史意義及特色的是，拱廊街本身依然由古老的執事隊（Beadles）所守衛呢！

MAP

03 國家藝廊與中國城的
東西交融

09:45 AM 從倫敦地鐵**貝克盧線（Bakerloo）**及**北線（Northern）**
交會的查令十字站（Charing Cross Station）出發。

倫敦的中國城應該是少數位在城市心臟地帶的唐人街，與國家藝廊襄接，坐落在最多劇院的角落，如此的鮮明，這也是為什麼有人說過：「London is a roost for every bird」；倫敦是每一隻鳥的棲息地，每個人都能在這裡築巢，因為他的包容以及多元，光是在倫敦的中心點就能攬盡所有。

MAP

10:00 AM

Café in the Crypt

　　這是一間非常特別的英式小餐館，就在Charing Cross旁 邊 的St.Martin-in-the-Fields，這座教堂的地下墓穴之中，30年來一直服務著社區，直到今天我們在裡面吃一頓飯的消費都會作為教堂的維護及慈善事業使用，吃美食還能做好事，怎麼能不來拜訪？

　　提供的餐點多為英式料理，有早餐、鹹派、三明治、沙拉等等，很適合作為來到倫敦旅遊的一站。

營業時間：週一、二10:00～19:00／週三10:00～17:00／週四10:00～19:00／週五10:00～19:30／週六11:00～19:30／週日11:00～19:00

11:30 AM

MAP

國家美術館 The National Gallery

　　倫敦的國家美術館主要收藏西歐地區13～19世紀的畫作，裡面非常多知名畫家的作品，必看畫作就是梵谷的〈向日葵〉，除此之外，同展廳（room43）還有許多知名畫家的作品，例如梵谷、高更、馬諦斯、秀拉等等；旁邊（room44）有莫內、竇加、塞尚、雷諾瓦，我個人最喜歡的是Jan van Eyck所畫的〈Arnolfini Portrait（阿諾菲尼的婚禮）〉。

> **營業時間**：週六到週四10:00～18:00／週五10:00～21:00（12/24、12/25、1/1公休）
> **包包規定**：不得帶超過56×25×45cm（連放寄物處都不行喔！）

國家美術館每週二到四15:00都會有免費導覽，集合地點就在Central Hall位於2樓的中央大廳，導覽時間為一個小時，任何人都可以加入。它們也常常舉辦創意工作坊的導覽或創意活動，大家可以關注一下官網資訊，基本上都能現場參加。

15:00 PM

國家肖像館
National Portrait Gallery

營業時間：週日到週四 10:30 ～ 18:00 ／週五、六 10:30 ～ 21:00

國家肖像館坐落在國家美術館後面，收藏了從16世紀到今天，各式各樣不同媒材所製作的肖像，以肖像藝術講述了英國的歷史故事，是相當有趣的一系列收藏。

推展英國歷史的重要人物肖像到不同主題、飾品、服裝，甚至肖像中的人物正在活動的事物，透過一幅幅以人物為主的作品可以理解英國各個時期的生活面貌，真的是非常好玩！

MAP

16:30 PM　Goodwin's Court

Goodwin's Ct是在倫敦市中心一片難得的風景，鵝卵石小巷、彎曲古老的建築，與旁邊繁華的景色形成了鮮明的對比。

據說這條小巷的建築可以追溯到17～18世紀，曾經是倫敦貧民窟，現在成為許多電影的拍攝地點；《哈利波特》的斜角巷中部分場景，還有《愛滿人間》也曾在此取景，更是許多網紅鏡頭中隱藏的鑽石。

MAP

17:30 PM

營業時間：週二到週日12:00～
01:00／週一12:00～23:00

Mr Fogg's Tavern

　　Mr Fogg's Tavern是Mr Fogg's系列品牌中的英式酒館，靈感來自於小說《環遊世界80天》的主角Phileas Fogg，希望可以帶領走進酒館的人重回維多利亞時代的冒險及探索精神。

　　酒館的裝潢非常復古，天花板上還有許多有趣的收藏，杯碗瓢盆等等，提供英國的酒館餐食，除了美味的新鮮啤酒之外也有調酒喔！

MAP

19:00 PM

中國城 China Town

倫敦的中國城是非常朝氣蓬勃的區域，位於倫敦的市中心，是旅行時突然想吃亞洲菜時最佳去處，可以感受到中西交匯的氛圍。路口有一個巨大的牌坊，充滿著濃濃的中式氛圍。

中國城的歷史可以追溯到1950年代，當時因為擁有精采的夜生活，租金低廉，而顧客多是那些從東方歸國的軍人，因此中國餐廳和商店就如雨後春筍般開設，形成今日中國城的商店街區域；如今在這裡可以找到各式各樣的中菜、火鍋、港式飲茶，還有亞洲超市及大家最愛的珍珠奶茶！

MAP

20:00 PM

Leicester Square

倫敦西區的心臟地帶，平時經過總有滿滿的人潮，許多餐館、劇院及電影院林立，是很多戲劇電影舉辦紅毯首映會的熱門地點，還有一座公園可供大家停留休息。這個大廣場源自於17世紀，由Leicester公爵所建造，當初還興建了一座豪宅，只可惜已經被拆掉了。

如果臨時想在倫敦看音樂劇，這裡也有許多音樂劇的售票亭，我都會來問今晚最便宜的是哪一部劇，或請售票員推薦喔！

MAP

04 倫敦裡的羅馬以及祕密

從來沒想過在倫敦這樣繁忙的大都會,地面上有聖保羅大教堂、紀念碑,地底下居然還藏有倫敦羅馬時代的祕密,羅馬競技場、羅馬神廟、城牆,以及那條已經失落的河流。

10:00 AM 從倫敦地鐵環狀線(Circle Line)的聖保羅站(St. Paul's Station)出發。

營業時間：
08:30 ～ 16:30 ／週
三 10:00 ～ 16:30 ／
週日 08:00 ～ 18:00

10:15 AM

MAP

聖保羅大教堂
St. Paul's Cathedral

聖保羅大教堂為倫敦大火之後重新建造，靈感來自於梵蒂岡的聖彼得大教堂，巨大的穹頂、精緻的藝術雕刻及壁畫展現了倫敦大火和二戰期間的堅韌不拔；除了內部的裝飾藝術外，還有埋葬許多名人的地下墓穴及圓頂觀景台上的倫敦全景。

參觀教堂的唱詩禮拜活動免費，進入其他區域則要另外購買門票，如果想上觀景台記得查詢開放時間並注意自己的體力，因為需要走 528 級台階上去。如果剛好在聖誕節期間到倫敦，還可以體驗看看聖保羅大教堂舉辦的彌撒喔！

12:00 PM

MAP

Burger & Lobster Bread Street

營業時間：
12:00 ～ 22:00

　　雖然是大家都熟知的倫敦連鎖餐廳，即便經營多年多間分店，評價依然很好，這在連鎖餐飲可是少見；原因也很簡單，這間餐廳核心就是：只專注在漢堡與龍蝦，這兩種食材的料理工藝。美味不踩雷，價格又實惠，我人生第一次吃到龍蝦就是在這裡，因此也讓我難以忘懷！

營業時間：10:30 ～ 16:00
免費導覽：除了週一以外
每天12:15、13:15（導覽
約30 ～ 45分鐘）

13:45 PM

市政廳美術館
Guildhall Art Gallery

　　成立於19世紀末，是一座藝術珍品收藏館，展出世界著名的傑作和偉大藝術家的作品。館藏內容廣泛，收藏有4,500件作品，其中包括1,300多幅油畫，以維多利亞時期的作品為特色，還有許多精選的拉斐爾前派作品，每次展覽的作品會依據不同的主題輪流展出。

　　建議預留至少一個半小時給市政廳美術館，這是個小巧可愛又充滿驚喜的地方，不僅能免費參觀，展出的17世紀畫作都非常細膩，樓下還有很多關於英國的藝術作品與羅馬競技場遺跡，讓你用不同角度看這座城市，也讓我更愛倫敦了！

Roman Amphitheatre

MAP

16:00 PM

MAP

營業時間：週二到週六 10:00 ～ 18:00 ／
週日 12:00 ～ 17:00（每週一公休）

London Mithraeum

　　很難想像在倫敦的金融城，一座非常現代的建築下方居然藏有古羅馬神廟！這座古羅馬神廟供奉的是密特拉神，據說是羅馬時代相當受士兵歡迎的密教，考古學家在此發現了超過 400 片羅馬時期的書寫版碎片，是倫敦相當重要的考古遺址。

　　如果你熱愛羅馬歷史就絕不能錯過這個神祕的考古遺址，參觀是免費的，但需要提前預約喔！

17:30 PM

利德賀市場
Leadenhall Market

MAP

營業時間：週一到週三 07:30 ～
23:00 ／週四、五 07:30 ～ 00:00
／週六 09:00 ～ 00:00 ／週日
10:00 ～ 22:00

　　利德賀市場不是真正的市集，是因為《哈利波特》的電影場景而紅的，不過對我來說，它就是附近金融區英國人下班喝酒的好地方！

　　歷史可以追溯到 14 世紀，當年被用來當作玉米穀倉，販售家禽肉類為主的市場，原先也沒有那麼華麗，經過倫敦大火之後浴火重生，還好只有一小部分被燒毀。

　　在 17 世紀大火過後加上了頂棚，成為了牛肉與香草市集；大約 19 世紀時又添加了華麗的屋頂結構，還漆上高雅的栗子紅色及柔和優雅的暖白色、鋪上現代的鵝卵石地板，成為我們今天看見的維多利亞式市場。

18:30 PM

MAP

The Folly

　　倫敦金融城附近的上班族相當喜愛的歐風料理餐廳與酒吧，除了提供下酒小食之外，也有義大利麵、燉飯等選擇，因季節性變換的菜單，每次來都有驚奇。除了靠落地窗的小桌之外，中間的長桌吃起飯來也相當有氣氛。

20:30 PM

營業時間：08:00 ～ 23:00

空中花園 Sky Garden

　　空中花園位於 20 Fenchurch Street，由世界著名烏拉圭建築師 Rafael Viñoly 於 2004 年設計。採用大量的大片玻璃，使空中花園就像是一座高空溫室。綠樹成蔭的室內花園可欣賞倫敦天際線的美妙景色，幸運的話甚至可以在空中花園上看倫敦塔橋升起的樣子。

　　非常建議在日落前來，邊享用雞尾酒邊等到夜幕降臨，就可以一次欣賞到不同光量之下的倫敦景色。雖然空中花園免費開放，但空間有限，建議透過網站提前預訂以免無法入場，最早可以提前三週進行預訂喔！

MAP

紀念碑站
Monument Station

　　回程走到地鐵站途中會經過倫敦大火紀念碑，也是這個車站的名稱由來，永久的提醒人們 1666 年的倫敦大火。

MAP

05 在巴比肯藝術中心
思考與對話

彷彿踏入了一個非倫敦印象的社區,可以說是當代城市叢林。巴比肯體現了烏托邦的願望,也呈現了城市生活的現實,挑戰傳統,引發人們對建築、社會和城市環境之間關係的思考和對話,拿來講述當代藝術、電影與音樂的故事實在是再適合不過了!

09:00 AM

從倫敦地鐵環狀線（Circle Line）、漢默史密斯及城市線（HAMmersmith & City Line）和大都會線（Metropolitan Line）交會的巴比肯站（Barbican Station）出發。

營業時間：
週一到週五10:00 ～ 17:00／週六10:00 ～ 17:00／週日08:30 ～ 18:30

09:15 AM

MAP

聖巴多羅買大教堂
St Bartholomew the Great

倫敦最古老的教堂之一，是一座12世紀擁有900年歷史的華麗教堂，也因為其古老而華麗，成為許多知名電影的拍攝取景地，例如《Snow White and the Huntsman（公主與狩獵者）》、《Sherlock Holmes（福爾摩斯）》、《Elizabeth: The Golden age（伊莉莎白：輝煌年代）》、《Shakespeare in Love（莎翁情史）》等等，許多人為了電影場景而特地前來朝聖。

10:30 AM

MAP

Banksy Basquiat

班克斯於2017年9月在巴比肯中心旁邊塗鴉的作品，塗鴉的靈感來自當時巴比肯藝術中心 Jean-Michel Basquiat 的展覽，班克斯在自己的 Instagr AM 下了註解諷刺地説到：這是個通常一出現塗鴉就會急著被清掉的地方！

每當有事件發生就是班克斯有新靈感的時候，不論是諷刺時事、反戰等內容都很值得反思。從巴比肯站走到巴比肯藝術中心的路上，沿著高架地下道走，就會在中央的左側看見這幅作品。

10:45 AM

MAP

巴比肯藝術中心 Barbican Centre

如果你熱愛現代藝文類型的藝術，就不能不知道倫敦的寶藏——巴比肯藝術中心。坐落在巴比肯村屋，1960年代的粗曠主義鋼筋混凝土建築，走在裡面會有一瞬間覺得自己不在倫敦，好像在一個虛無的世界；但推開門，這裡既是電影院又是美術館，還有戲劇表演等多元的藝術展演，以及餐廳酒吧、圖書館、音樂和鋼琴，甚至還有空中花園溫室。

宗旨是以各式不同的跨域藝術及跨地域的藝術家帶給觀眾各種鼓舞人心的展演，使勇敢地、具有挑釁意味的藝術能夠影響人們的生活，一樓入口右手邊有一個展間 The Curve 不定期會有免費特展，很多人會一整天都待在裡面。假日有許多英國家庭也會來看電影和參觀適合小朋友的展覽，還可以讓他們在戶外區域放風，是個非常適合親子的地點。

這裡的建築受到英國國家二級保護，

在1960年代經過精細計算而建造的城中之城，社區環繞著池塘、教堂、藝術中心、學校及溫室等等，當時的建築師希望蓋出一座徹底改變人們生活方式的建築。雖然跟倫敦看起來很不搭，比較像是老舊國宅，但仔細一看，許多細節像是空橋等等很值得細細探索，也有付費導覽可以預約。

巴比肯藝術中心的電影院有許多影展片或活動企劃老片重播，電影愛好者真的會想直接住在這裡。午餐建議直接在裏頭的 Barbican Kitchen 享用，提供超多好吃的食物，從沙拉到主食都有，而且空間很舒適、採光很好，價錢也都滿合理的，份量也不小喔！

營業時間：
09:30 ～ 23:00（國定假日改為 12:00 ～ 23:00）

營業時間：
週二到週六 12:00 ～ 00:00
／週日 16:00 ～ 23:0

18:00 PM

The Shakespeare

　　坐落在1960年代的鋼筋混凝土之下，這間從巴比肯村屋建好就一直在這裏的小酒館，前後方有舒適的戶外座位，就像是灰濛濛一片中的城市綠洲一般亮眼。

　　除了餐點好吃，必點佛卡夏之外，晚上還有喜劇脱口秀的演出，可以體驗英式酒館的歡樂氣氛！

MAP

06 大英博物館一日遊

很多人說過，沒到過大英博物館就不算來過倫敦，來一趟大英博物館就能耗掉一整天，因此我整理了逛博物館前吃早餐喝咖啡的好去處，以及逛完博物館享用晚餐補充活力的好地方！

08:00 AM

從倫敦地鐵**環狀線（Circle Line）**和**皮卡迪利線（Piccadilly Line）**交會的聖保羅站（St. Paul's Station）出發。

> **營業時間：**
> 週一到週五 07:00 ～ 17:00 ／週六、日 08:00 ～ 17:00

08:15 AM

MAP

Redemption Roasters

小小一間的可愛咖啡廳，門口還有非常愜意的戶外座位，好天氣時坐在外面吃早餐是一種享受。咖啡為自家烘焙，喜歡咖啡的人可以順手帶一包豆子回家，早餐的酸種麵包非常好吃，必點酸種麵包佐酪梨，熱壓起司火腿可頌也非常美味喔！

值得一提的是，這間咖啡廳是連鎖店，但他們卻很特別的是全世界第一間烘豆坊在監獄的咖啡品牌，創辦人希望用咖啡相關的培訓和就業幫助曾經的罪犯重新融入社會。

10:00 AM

大英博物館 British Museu

　　大英博物館是來到倫敦必看的博物館，早在1759年就對公眾開了大門，是全世界第一個對外開放的國家級博物館，講述人文以及歷史，與巴黎羅浮宮、紐約大都會博物館並列為世界三大博物館。想來個省錢一日遊剛好又喜歡歷史的話，到大英博物館準沒錯！

　　大英博物館雖然是免費的，但是旺季的時候人擠人，館內的容客數也是固定的，建議在官方網站事先預約，以防人潮太多無法入館。

MAP

● 大英博物館一樓鎮館之寶

摩艾像：復活節島上的神祕石像。

羅塞塔石碑：一顆來自埃及的石頭，上面的文字其實已經失傳，沒有人能夠讀懂。

帕德嫩神廟：大英博物館的收藏品非常多都具有爭議性，當初帝國時代以各種方式「掠奪」文物，其中，希臘一直希望大英博物館把帕德嫩神廟的雕刻還給他們。這些雕刻栩栩如生，肌肉線條超級美，真的是古希臘美學的極致。

路易斯西洋棋盤：全世界最有名的西洋棋盤組，是在蘇格蘭路易斯島發現的中世紀棋盤。由超美的海象牙雕刻，但至今都不知道這組棋盤屬於誰，而哈利波特迷一定有印象，電影裡出現的西洋棋盤就是跟大英博物館借

的路易斯棋盤複製品喔！也因為《後翼棄兵》這部影集，讓這組展品再掀超高人氣。

伊斯蘭星盤：伊斯蘭文化的展館是2018年才新策展，使用黑色的色調來展出金光閃閃且充滿豐富花色的磁磚及工藝品。伊斯蘭星盤是一定要看的展品之一，可以一手掌握宇宙的小東西，據說星盤是古希臘傳入，再由伊斯蘭世界傳入歐洲。

古羅馬波特蘭花瓶：乍看時很驚奇，想說英國陶瓷品牌Wedgwood怎麼會放在玻璃櫃裡面？其實古羅馬細緻的波特蘭花瓶就是這家陶瓷公司經典商品的靈感來源。從希臘時代到羅馬時期的陶器，能發現越強盛的帝國東西越精美標緻。

埃及木乃伊：建議大家在開館就直接衝2樓看木乃伊，這是大英博物館中人氣最高的館藏，可以看見真正的木乃伊、人形棺及放置器官的獸首陶罐和陪葬品。

進入大英博物館的注意事項

① 門口設有安檢區，包包帶小一點，不然會要開包檢查。

② 大型的東西像是運動用品或是行李箱都不提供寄放，行李大於 40cm×40cm×50cm、重於8kg或是只要有輪子就禁止入內。

③ 場館大多都可以拍照，少數會標示禁開閃光且禁止帶腳架跟自拍棒喔！

MAP

17:00 PM

The Brunswick Centre

營業時間：
07:00 ～ 23:00

　　看完博物館之後覺得用腦過度，該是吃晚餐放鬆的時間了，距離大英博物館步行約10分鐘可以來到這個小型的購物中心，不僅有各式不同的餐廳，還有大型的Waitrose超市及藥妝店可以簡單購物，還有一個類似湯姆熊的遊樂場Funland，讓人好好在一天的最後放鬆玩樂。

　　偶爾也有各種免費活動可以參與，例如國王加冕典禮當天就有請倫敦知名合唱團前來慶祝演出。

Chapter 7
倫敦近郊

有人說：離開倫敦之後你才能踏入真正的英格蘭。英國的鄉村風情就像一幅浪漫的油畫，碎花格紋、廣闊的綠地與悠閒的綿羊，仿佛都在講述著這片土地的古老故事。從歷史悠久的古堡到千年教區的大教堂，每個角落都散發著濃厚的歷史與文化氣息。

雖然倫敦千變萬化，城市的喧囂永遠令人目不暇接，但如果你渴望遠離塵囂去追尋英格蘭的純真與自然，不妨安排個一日遊，搭乘火車只需一兩個小時便可抵達那些風情萬種的小城鎮；這些地方不僅保存著原始的英國風景以及建築，還讓人感受到真正的英倫生活與寧靜。

01 埃文河畔史特拉福 ——莎士比亞的故鄉

And see the town of Stratford spread along.
The rolling river-bank; and musing long.
Held watch upon the solemn Avon's flow.
——威廉·莎士比亞（William Shakespeare）

威廉·莎士比亞所出生的地方就是埃文河畔史特拉福（Stratford-upon-Avon）。雖然是英國最美小鎮群的外圍，不過還是很美，帶有中世紀的英倫中部小鎮風光，走進去就像來到哈利波特的場景，擁有悠閒河畔及木構式建築，還能來瞻仰莎士比亞的墓碑，度過一個詩情畫意的時光。

交通

從倫敦出發在馬里波恩車站（Marylebone Station）搭火車，車程大約2～2.5小時。抵達的史特拉福車站小巧可愛，看起來有種莫名的童話故事感，從車站走到舊城區沿路上都有指標，大約要走10分鐘，在歐洲走進舊城區就算沒有指標，只要跟著教堂尖塔走就對了！

公會教堂 The Guild Chapel

MAP

營業時間：
10:00～16:00

　　絕對不能錯過公會教堂，它是一座小小的教堂，因為不太起眼所以參觀的人沒有很多，但是仔細一瞧牆上的壁畫，居然是中世紀時留下來的！很少有教堂能保存如此完整地壁畫，在座位兩側也有壁畫的痕跡，宗教改革時都被覆蓋起來所以被保護得很好，直到上世紀才又重見天日。

　　來訪時就連我這個沒信仰的人都看得神往，也許這就是教堂的力量吧！

聖三一大教堂
Church Of
The Holy Trinity

MAP

　　聖三一大教堂裡面有著莎士比亞及妻子、女兒跟女兒丈夫的墳墓，要是你喜歡莎士比亞絕對要去瞻仰一下。

　　每年莎士比亞誕辰，大約4月底的時候整個城鎮都會為他慶生，城市周圍開滿鮮花，教堂也會被擺滿所有人獻給莎士比亞的花，墳墓上莎士比亞半身像上的羽毛筆也每年都會換一支新的給他喔！

營業時間：週六 10:00～
17:00／週日 13:00～15:30

埃文河畔散步

沿著埃文河畔散步，沿途有多美就有多美，可以和大家一樣散散步曬曬太陽、在草皮上滾來滾去；如果想要划船可以在Avon-boating 租船，享受河面波光粼粼的樣子。

河邊除了野餐以外還能跟天鵝聊聊天，每隻天鵝都很懂得享受，有陽光時也跟人們一樣會上岸曬太陽。

克洛普頓大橋 Clopton Bridge

MAP

這座城鎮中非常重要的一座石造拱橋，建於15世紀，收錄在英國國家遺產名錄裡面，有點像是英國一級國家古蹟的概念，等於跟西敏寺有相同的地位，聽說Stratford-upon-Avon這個地名由來就是因為這座橋呢！

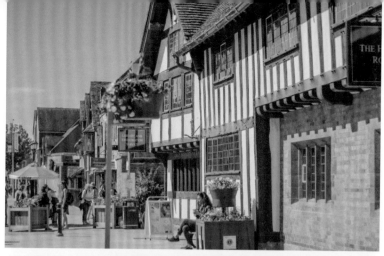

Henley Street

　　人潮最洶湧的街道Henley Street，莎士比亞的出生地就在這裡，是這條街上數一數二老的房子，而且已經開放了250年給遊客參觀，實在是維護得非常好。

　　如果對莎士比亞很感興趣，建議購買莎士比亞故事套票，除了莎士比亞故居（Shakespeare's Birthplace）之外，還可以參觀莎士比亞的妻子安妮瑟威的小屋（Anne Hathaway's Cottage）及花園（Shakespeare's New Place）；而且這張套票可以使用一整年，想要慢慢欣賞非常推薦在這裡住兩天一夜。

官方的步行導覽時間大約是2小時，不論天氣如何都會成團，超過10人以上團體需要提前預約。

MAP

官方步行導覽 Stratford Town Walk　官網

時間：週一到週五11:00／週六11:00、14:00／聖誕節10:30

02 英國最美中部鄉村
——科茲窩

「The Cotswolds, with its golden stone and rolling hills, is as close to the earthly paradise as I hope to get.（科茲窩，有著金色的石頭以及綿延的山丘，是我所希望的最接近人間天堂的地方！）」

科茲窩（Cotswolds）於1966年被確立為法定特殊自然美景區（Areas of Outstanding Natural Beauty，簡稱AONB），涵蓋了六個郡：格洛斯特郡（Gloucestershire）、牛津郡（Oxfordshire）、薩默塞特郡（Somerset）、沃里克郡（Warwickshire）、威爾特郡（Wiltshire）、伍斯特郡（Worcestershire）。最北是莎士比亞的故鄉——史特拉福；最南邊為羅馬人以及珍‧奧斯汀的最愛——巴斯（Bath）；東邊為舉世聞名的牛津（Oxford）；西邊以溫泉和賽馬聞名的切爾滕納姆（Cheltenham）。

拜伯里 Bibury

　　藝術家威廉‧莫里斯說它是英國最美小鎮，一點都不為過。走進英國科茲窩小鎮的心臟地帶，真的就如同走進一幅畫、一篇詩集，中世紀英式鄉村的風景真的是美不勝收。

　　拜伯里位於科恩河畔，因其鱒魚養殖場和一排被稱為阿靈頓街（Arlington Row）的漂亮石頭小屋而聞名。阿靈頓街歷史悠久的石造小屋建於1380年，最初是被修道院的僧侶當作羊毛商店，科茲窩地區自古到今都是以羊毛生產及出口為主要經濟來源，現今則是歸國家信託（National Trust）所有。

水上波頓 Bourton-on-the-Water

　　對於水上波頓的印象是橫跨 Windrush 河的石橋、懸垂的樹木、鄉村綠地和歷史悠久的石屋，難怪水上波頓在英格蘭最美麗的村莊名單中名列前茅，還有「科茲窩的威尼斯」的美稱。「Bourton」這個詞起源於撒克遜的古老英文字彙，由兩個詞組成——「burgh」表示營地或防禦工事、「ton」表示村莊或定居點，古人取地名真的非常直接啊！

　　Windrush 河穿過水上波頓的中心地帶，由 5 座石橋橫跨，最古老的是建於 1654 年的磨坊橋（Mill Bridge），在春夏之交期間河畔兩旁櫻花滿開，實在太浪漫了！

MAP

Stow-on-the-Wold

位於科茲窩地區的北部，周圍環繞著美麗的村莊和連綿起伏的鄉村。坐落於科茲窩的一座海拔800公尺的小山丘上，也是科茲窩地區最高的村莊。這座歷史悠久的羊毛小鎮以市集廣場、古董店和眾多傳統酒吧、旅店而聞名，不管是走過路過還是經過，大家都應該停下腳步來逛逛。

山頂的位置最初是鐵器時代堡壘的所在地，從古英語單詞中「stowe」是「聖地」，和「wold」的意思組合起來便是「山上的聖地」。這個丘陵的地理位置也啟發了18世紀的韻律「Stow-on-the-Wold,where the wind blows cold」。

大多數遊客都是為了紫杉樹門（Yew Tree Door）而來，一扇鑲滿釘子的厚木門，周圍環繞著橡樹，看起來像是通往另一個世界的大門。有傳言説它啟發了托爾金（JRR·Tolkien）在《魔戒》三部曲中創造了都林之門，但沒有人確切知道是否是真的。

MAP

MAP

Cheltenham

英國溫泉療養小鎮，被《星期日泰晤士報》評為英國西南地區最佳居住地，不僅賽馬和足球聞名，還是富裕的大學城。有節日小鎮（The Festival Town）之稱，一年舉辦超過30個節日，包括世界上歷史最悠久的文學節、電影節、音樂節等等，也是進入科茲窩小鎮很棒的起迄點喔！

03 與敦克爾克對望的無垠白崖
——多佛

「The sea is calm tonight.
The tide is full, the moon lies fair
Upon the straits; on the French coast the light
Gle AMs and is gone; the cliffs of England stand,
Glimmering and vast, out in the tranquil bay.
　　　——Matthew Arnold's《Dover Beach》

　　多佛（Dover）不管是現在還是歷史上都是對英國來說很重要的古老城鎮，是英國對外的門戶也是屏障，老天爺給了它美麗的藍綠色海水及碧藍的天空，更給了白堊紀時沉積的岩層，也證明了法國和英國曾經連在一起的證據。

交通

　　搭乘西南鐵路（South Eastern Railway）從維多利亞車站（London Victoria Station）出發，車程大約2小時。

多佛白崖路線
White Cliff Of Dover Walks

走在地圖上 E Cliff 這條路會先遇見可愛的彩色小屋，超多海鷗在頭頂上盤旋，旁邊的山壁就是白崖的一部份，還可以看見多佛城堡建在山壁上的通道，這就是以前戰爭時所用的地道。路途中可以把港口盡收眼底，船隻來來回回，每一艘看起來都好大好大，從渡輪上出來的車子超級多，遠遠看過去就跟玩具車一樣，什麼樣子的車都有。

慢慢的走到白崖上面，它一層一層的就像蛋糕，再往上走才會到達最美的地方，但是已經可以感受到自己的渺小；上面的景色一望無際，不過白色懸崖上風很大，大家千萬不要為了拍網美照而忽略腳邊情況，往下看其實還挺震懾人心的，也可以看到許多英國人在上面野餐和睡午覺，形成一幅歲月靜好的畫面。

MAP

多佛城堡 Dover Castle

MAP

回頭一看就是多佛城堡，建造於中世紀的城堡氣勢宏偉，是全英國最大的城堡，又被稱為英格蘭之鑰，因為是英格蘭的門戶。最一開始是由征服者威廉所建造，現在看到的配置大體上在13世紀亨利三世時代所完工，至今已經有好多年歷史。

在二次世界大戰的敦克爾克戰爭之中，多佛城堡也是英國軍隊的作戰指揮中心，當時英軍撤退就是退回多佛，直到1956年這座城堡才真正除役。

越往前走，蜿蜒波浪狀的白崖越趨壯觀，直入海裡的斷崖讓有懼高症的人深感畏懼，我心想這樣一直走彷彿能走到天邊，看著一望無際的美麗海景，好像走多遠都不會疲憊。

除了一望無際的草地、藍白相接的白色懸崖及海天一色的海岸以外，這裡的生態系也相當豐富；而白色懸崖上的主人，也是最受大家關注與歡迎的小馬匹，牠們吃草的方式讓白堊紀地質的植物們欣欣向榮，讓這裡變得如此特別。眼前的草皮越來越遼闊，海岸白崖越來越曲折，有點像扭曲成波浪的海報紙，可以看見零星的人們在遠方也朝著燈塔前進或折返，也許是太過空曠，風好大，讓我對崖邊怯步了。

南福蘭角燈塔
South Foreland Lighthouse

營業時間：
11:00 ～ 17:30

遠方的白色燈塔小點是所有人的終點站——南福蘭角燈塔，早在14世紀就有人在此放燈指引船隻，但是一直到維多利亞時期才有燈塔，1846年又重建，燈塔見證了許多歷史。會需要燈塔很關鍵的原因是，距離這裡3英里的海裡有一條長達10英里的暗沙，有不少船隻曾在此遇難，因此對於這個海域來說燈光非常的重要！

不僅有下午茶可以喝，孩子還可以在這邊放風箏，建議夏天前來，日光時間較充足，可以玩得比較盡興，也別忘了穿雙好走的鞋子和補充水分。

MAP

04 回到維多利亞最甜蜜的 喬治亞時代——巴斯

「They arrived at Bath. Catherine was all eager delight; her eyes were here, there, everywhere……She was come to be happy, and she felt happy already.

——Jane Austen《Northanger Abbey》

　　如果問我巴斯小鎮給人的印象,我只能用地靈人傑來形容。巴斯自古以來就是一個療癒之地,也是時尚流行的重鎮,更是文學的謬思,是珍·奧斯汀生活的主要城市,連狄更斯都曾經在此寫書。

　　除了羅馬時代就已經聞名遐邇的羅馬浴場之外,巴斯的建築也很有特色,稱之為喬治亞式建築,走進巴斯就像回到珍·奧斯汀描寫故事的那個年代,也是不少人都想要回去的黃金年代。

09:30 AM

MAP

普特尼橋 Pulteney Bridge

　　是一座擁有兩百多年歷史的橋,坐落於雅芳河(River Avon),在電影《悲慘世界》中,警察賈維爾就是在這座橋上自殺。

　　這座橋其實很像佛羅倫斯的老橋(Ponte Vecchio),有許多賣珠寶飾品的店面在裡面。

10:00 AM

MAP

巴斯圓頂市集
Bath Guildhall Market

　　是我很喜歡的英國市集形式,像一個大型的雜貨商場,不僅什麼都有,還可以坐下來喝個茶吃塊蛋糕。

　　你可以在許多英國的城市發現這種圓頂市集的蹤跡,早在800年前這裡就是一個貿易的聚集地,18世紀之後漸漸成為我們現在看到的市集,如果有機會在聖誕節前到巴斯,記得參與這裡舉辦的聖誕市集喔!

11:00 AM

MAP

珍・奧斯汀博物館
Jane Austen Centre

　　有簡單的導覽,概要當時的背景以及珍・奧斯汀的人生與巴斯的密切關係,還可以體驗當時的服裝,女性都會拿扇子,還有所謂扇子的語言,像是拿扇子調情,畢竟當時巴斯是很開放的時尚之都;甚至還有時尚博物館,不過滿小的,更適合親子一起參觀,還可以在裡面的Tea room喝下午茶。

12:00 PM

MAP

皇家新月樓
NO.1 Royal Crescent

　　巴斯有許多新月形的建築，聽說珍·奧斯汀以前就住在某一間，而皇家新月樓的一號是可以參觀的，探訪18世紀喬治亞時代「豪宅」裡的房屋裝潢、擺設等等。

MAP

13:00 PM

The Garrick's Head Pub

　　午餐我吃到了英國最好吃的英國Pub food，點了炸魚薯條、牛肉派、淡菜、濃湯，每一樣都超級好吃！除此以外還有巴斯當地的啤酒可以喝，也在這裡喝到目前為止最好喝的Pimm's cup。

14:00 PM

巴斯步行導覽
Walking Tour

集合點

　　巴斯官方提供免費的步行導覽，每週日到週五10:30與14:00各有一個小時的巴斯市區導覽，就在羅馬浴場門口的大教堂前方的 The Pump Room 集合，對於自由行的人實在很方便呢！

16:00 PM

MAP

羅馬浴場 The Roman Bath

　　巴斯必參觀的羅馬浴場，只能說當時的人真的太聰明了，過去建立的溫泉水道系統到現在都還能使用喔！

　　一走進去就會聞到淡淡的硫磺味，導覽不僅有中文且非常詳細，每半小時還有專人導覽每個房間，陽光下的spa大眾池的水是綠色的，因為經過多年的曝曬長出了許多藻類，雖然現在不能下水，但仍然可以看到冒煙的泉水。旁邊就是壯麗的巴斯修道院，每天都有開放參觀。

營業時間：09:00 ～ 18:00（6 ～ 8月開放到22:00）

巴斯美食必吃

MAP

● Saracens Head

受到羅馬人與文人喜愛的巴斯，藏著一間狄更斯曾經在此寫書的最老小酒館——Saracens Head，建於1713年，是巴斯最古老的Pub。走進去可以感受到老屋矮矮的天花板、斜斜的牆壁以及古老的木椿，門口進去的右手邊前方的角落就是狄更斯曾經寫書的地方，當時狄更斯就住在酒館上方的旅社，並在這邊完成他第一本小説《匹克威克外傳（The Pickwick Papers）》。

除了一睹狄更斯的風采之外，員工也非常友善，我不知道要喝什麼時，他們一杯杯倒給我試喝，非常的親切，而且聖誕節來訪幾乎沒有觀光客，非常舒服。室內空間真的有種進到電影中有魔法的酒館驛站的感覺喔！

● Portofino Oyster Bar

非常新鮮美味的地中海料理餐廳，生蠔非常好吃，對於喜歡吃淡菜的我感覺到了淡菜天堂。這間餐廳是很多當地人慶生或是特別場合來慶祝的餐廳，也是當地人心目中巴斯最好吃的地中海料理。

MAP

● Nata&Co Bakery

雖然這家葡式蛋塔烘焙坊是連鎖的，但每一間店都是新鮮現做的葡式蛋塔，撲鼻而來的香味非常吸引人。我最愛蛋塔上淡淡的肉桂香氣，一口咬下去，裡面的餡料直接在嘴巴中化開，好喜歡這種西葡點心的「半熟」感！而且一顆蛋塔加店內任一種熱咖啡的MEAL DEAL非常划算，只要£3.9一頓早餐解決！

MAP

05 古典又叛逆的文學之城
——諾里奇

　　曾經為英格蘭最大的城市之一的諾里奇，年輕多元的活力及獨立精神，交織著它的古老歷史，我們可以踩在中世紀的鵝卵石上，探索這座鑽石般的歷史古城。

交通

　　從倫敦利物浦街車站出發，單程票價£10.00起，最快1小時41分鐘就可以抵達。若要規劃一日遊，建議上午10:00前抵達，時間較為充裕。

MAP

Pull's Ferry

Pull's Ferry起初是諾里奇大教堂的水門。在中世紀時期，運輸是一個令人頭痛的問題，尤其是重型建築材料的運輸；因此12世紀在大教堂動工之前，人們在溫蘇姆河和教堂工地之間挖了一條運河。

這座迷人的燧石建築可以追溯到15世紀，橫跨運河建造了一座拱形門，而這座門正是Pull's Ferry，用於守衛前往大教堂的通道；直到16世紀亨利八世解散修道院後，現在Pull's Ferry的建築才建成並合併了早期的大門，這棟房子部分被用作客棧，也是載人渡河的擺渡人家。在古老的河道沿岸散步，是一件非常愜意享受的事情。

Cow Tower

這是一座建於中世紀的戰略砲台，用於在河岸保護諾里奇城鎮與教堂中心，塔上有許多開放式的砲孔，可以架十字弓以及當時最新型的大砲。

每次經過這樣的歷史建築就忍不住被震懾，站在這邊好幾百年是什麼感覺呢？

MAP

MAP

Elm Hill

1507年的一場大火幾乎摧毀了一切，好在房屋得到了重建，我們還有美麗的鵝卵石街道、茅草屋頂、獨立商店和小咖啡館。Elm Hill是攝影師的夢想之地，無論什麼時候都可以拍出中世紀的可愛，留存的都鐸式建築甚至比倫敦還多！

諾里奇大教堂
Norwich Cathedral

MAP

　　諾里奇大教堂始建於1096年，擁有英格蘭第二高的教堂尖塔和最大的修道院迴廊，收藏超過1,000件中世紀屋頂雕刻和精選的原創諾曼壁畫。900年來經歷過戰爭、瘟疫和火災後存活了下來，它不是個奇蹟是什麼呢？

　　諾里奇大教堂安葬了第一次世界大戰的女英雄Edith Cavell，在教堂的東邊入口可以看見她的紀念雕像。Edith Cavell是一位護士，曾幫助約200名協約國士兵逃離被德國占領的比利時而被警方抓捕，最後被德國行刑隊槍決。

　　我自己私心非常喜歡這座教堂，喜歡它樸質但雄偉，喜歡它古老的氣場，也喜歡它是養了一隻貓的教堂！

MAP

Norwich Lanes

　　諾里奇的巷弄深深吸引著我，探索不完的獨立咖啡廳、美食、古著店。在古老的酒館啜飲當地的啤酒，把古老的文化風土與現代摩登揉合得恰到好處，就像是熱愛冒險的藝術家，是這個小城對我來說最為迷人的地方，而且聽說諾里奇是英國治安最好的地方之一。

諾里奇市場
Norwich Market

MAP

　　作為已經擁有900年歷史的露天市集，諾里奇市場甚至是歐洲最大、英格蘭最好的市場之一，從各式各樣的異國美食到小眾有機當地農產品，甚至是古著衣服等等，色彩繽紛得令人驚奇，最後要注意店家都是17:00關門喔！

MAP

Royal Arcade

　　諾里奇的皇家拱廊街，是維多利亞風格與新藝術風格的完美結合，還被譽為「落入老城中心的一千零一夜碎片」。

　　19世紀受到日本藝術以及工藝風格的影響，英國新藝術運動使用了源自自然的流暢線條和符碼。拱廊飾帶中使用的孔雀裝飾特別受歡迎，彩色玻璃也運用的相得益彰，真的是諾里奇市中心的塊寶，讓你墜入時光隧道。

06 魔法世界的謬思——牛津

除了牛津大學城古色古香之外，最有名的莫過於電影《哈利波特》的拍攝場景，除此之外也是知名文學《納尼亞傳奇》及《愛麗絲夢遊仙境》的靈感謬思。

保留著15～17世紀的建築，坐擁哥德式的尖塔裝飾而成的夢幻天際線，讓它被稱為「夢中的尖塔之城（City of dreAMing spires）」，走入牛津就彷彿對你施展了魔法！

交通

牛津距離倫敦大約90公里，搭乘火車約44分鐘到一個小時，買票時要注意慢車可能會到一個小時半，平均火車早鳥來回票價為£20～£35。

牛津可能因為觀光客很多，因此當天或前一天買的票價差會滿大的，通常從倫敦馬里波恩（London Marylebone）或派丁頓站（Paddington）出發，倫敦外圍的城鎮多數店家17:00左右關門，因此回程也可以考慮這個時間段的火車。

Christ Church&Gardens

牛津大學中一座教堂旁的花園，非常清幽漂亮，旁邊的一個小門便是《愛麗絲夢遊仙境》中，愛麗絲被規定不能前往的花園入口，是《愛麗絲夢遊仙境》的靈感來源之一。

旁邊是一條古老的小徑（Broad Walk），從17世紀開始就一直存在，散步起來非常舒服，會默默連接到河岸邊；而Christ Church本身是牛津大學教堂熱門的拍照景點，擁有牛津最大的教堂四合院方庭，這裡也是《哈利波特》的取景地。

MAP

Carfax Tower

這座高塔從12世紀以來就一直為牛津的中心點，是聖馬汀教堂被拆掉之後留下來的鐘塔，因為19世紀時交通繁忙，教堂會堵在路上因此拆掉，只有重建修復高塔。

現在的高塔可以買票上去欣賞牛津的尖塔天際線景色，牛津市中心有規定新的建築物不可以建造得比它更高。塔高74英尺，台階才99階，對多數人都算容易登頂，只是如果有帶小孩要注意，5歲以下不能進入，而5～15歲孩童需全程有大人陪同喔！

MAP

St Mary's Passage

　　聖母瑪利亞大學教堂旁邊的一條小巷，旁邊有一扇門，兩側裝飾著鍍金的牧神，這扇門是《納尼亞傳奇》裡「獅子・女巫・魔衣櫥」的靈感來源，17世紀的時候曾經也是一間小酒吧的入口。

　　小巷延伸到拉德克里夫圖書館（Radcliffe C AMera），那裏也很美很好拍；順帶一提，聖母瑪利亞大學教堂是牛津最大的本堂，教堂尖塔被建築師譽為英格蘭最美，而13世紀的鐘樓有向遊客開放收費入場。

MAP

博德利圖書館 Bodleian Libraries

　　博德利圖書館就跟牛津大學一樣是一個集合體，除了本身之外還有25個分散在牛津的圖書館，集合起來就稱為Bodleian Libraries。擁有400年的歷史，也是英國最大的學術圖書館；其中最美、最有名的分別為：博德利圖書館、拉德克里夫圖書館、韋斯頓圖書館（Weston Library），而牛津大學神學院（Divinity School）也是《哈利波特》的著名場景。

MAP

　　部分開放預約參觀，也可以預約官方導覽或是步行導覽，一睹世界最美博物館之一的博德利圖書館。

MAP

嘆息橋 Bridge Of Sighs

其實牛津的嘆息橋是20世紀初完成的，沒有多數人想像的這麼古老，連接 Hertford College 的新舊學院。

嘆息橋只是暱稱，真正的名字為 Hertford bridge，很多人以為是在跟威尼斯的嘆息橋致敬，不過也有人笑稱它跟威尼斯的里亞爾托橋（Rialto Bridge）長得更為相似。

MAP

營業時間：週日 11:00 ～ 17:00 ／週一到週六 09:00 ～ 19:00

Blackwell's Bookshop

最喜歡的地方就是這間擁有英國最長書牆的 Blackwell's Bookshop，至今已經有145年歷史，在許多分店中牛津這間是最老的本店。許多旅行團經過時會在門口跟一樓拍照，最美的地下一樓反而很少人注意。

店內猶如圖書館般的書牆是我做夢也想要的書櫃，空間上像是迷宮一般，但書籍分類非常清楚，而且有不同主題的展示櫃，愛書人一定要來逛逛喔！

★ 結 語 ★

　　記得剛到倫敦的時候是《新世紀福爾摩斯（Sherlock）》影集準備要首播第三季之前，身邊的人不乏討論；而我對倫敦的認識也是從這部影集開始，或許他不曾是我的嚮往，但如今他是我的最愛！每次只要不小心瞄到以倫敦作為背景的電影或是影集，總會忍不住去找來看，因為在倫敦的日子教會了我很多新的生活方式與價值觀，也讓我交到難能可貴的好朋友。

　　初來乍到時最不習慣的是各式各樣的口音，這點也體現出他是個多元的城市，除了全世界的觀光客之外，倫敦有很大部分也是非英文母語的居民，所以對於一般遊客來說，真的不需要擔心自己的英文。

　　很多人對倫敦的印象就是天氣不好，非常愛問倫敦是不是很愛下雨，但其實是跟歐洲其他地方比較起來，相較於台灣，也只是剛好而已啦！畢竟他四季分明，春天是很棒的賞櫻城市、夏天有漂亮的紫藤花、秋天看得見紅葉更迭、冬天運氣好會下點小雪。

　　另外，網路盛傳英國是美食沙漠，但倫敦根本是美食天堂，還是全世界最多米其林餐廳的城市之一，多元的食物選擇以及異國料理，可以滿足你想吃的任何形式的料理呢！

　　最後想與讀者提醒倫敦的治安與扒手，這幾年的確扒手與手機搶劫的比例高出許多，但也不代表倫敦很危險，只是台灣太安全，記得不管在哪裡旅行都必須保持警覺，財不露白！

國家圖書館出版品預行編目(CIP)資料

旅遊倫敦Wanderlust London：文化藝術‧特色
市集‧美食饗宴，必吃必玩必逛的212個攻略要
點／李昕-Wanderlust Annie 作. -- 初版. -- 臺北
市：臺灣東販股份有限公司, 2025.02
208面；17×23公分
ISBN 978-626-379-740-6（平裝）
1.CST：旅遊 2.CST：英國倫敦
741.719　　　　　　　　　　　113019639

旅遊倫敦Wanderlust London
文化藝術‧特色市集‧美食饗宴，
必吃必玩必逛的212個攻略要點

2025年02月01日初版第一刷發行

著　　者	李昕-Wanderlust Annie
編　　輯	鄧琪潔
封面設計	水青子
特約設計	Miles
發 行 人	若森稔雄
發 行 所	台灣東販股份有限公司
	＜地址＞台北市南京東路4段130號2F-1
	＜電話＞(02)2577-8878
	＜傳真＞(02)2577-8896
	＜網址＞https://www.tohan.com.tw
郵撥帳號	1405049-4
法律顧問	蕭雄淋律師
總 經 銷	聯合發行股份有限公司
	＜電話＞(02)2917-8022

TOHAN